上海文化发展系列蓝皮书
THE BLUE BOOK SERIES ON
SHANGHAI CULTURAL DEVELOPMENT

上海公共文化服务发展报告（2018）

SHANGHAI PUBLIC CULTURE SERVICE REPORT
(2018)

公共文化服务的创新与实践

主编／荣跃明

执行主编／徐清泉　郑崇选

上海人民出版社

上海书店出版社

摘 要

　　《上海公共文化服务发展报告(2018)》以"公共文化服务的创新与实践"为主题,聚焦近年来公共文化服务建设领域的创新和实践,案例分析和理论提升相结合,横向比较和纵向梳理相补充,为上海率先构建现代公共文化服务体系提供了多个维度的提醒和启示。全书共分为总报告、创新实践、场馆运营、比较与借鉴等几个部分。"总报告"较为全面地梳理和提炼了上海在公共文化服务建设领域的创新探索和具体的做法,同时也提出了未来的发展方向及相关建议。创新实践选取了长宁区、嘉定区、闵行区及全市居村公共文化建设的具体案例,介绍了各自的独特经验。场馆运营以公共图书馆、博物馆、美术馆等主要的公共文化设施的运营机制创新为论述重点,分别对图书馆的文化治理、博物馆中的文教结合、美术馆中的藏品利用、中华艺术宫的艺术教育、新时期的画院体制等问题进行了深入而全面的分析。"比较与借鉴"提供了国内外的经验借鉴,包括北京公共空间的再造、英国和德国的公共文化政策、欧美文化政策法规、焦作"百姓文化超市"、苏州市公共文化中心市民文化艺术素养提升志愿服务工程等有益的经验和有效的做法。

Abstract

With the "Innovation and Practice of Public Cultural Service" as the theme, focusing on recent years of innovations and practices in the establishment of public culture service, *Shanghai Public Culture Service Report* (*2018*) has provided multi-dimensional reminder and revelation for the city to take a lead in building a modern public culture service system by combining case analysis with theoretical promotion and with comprehensive systemization compensating for each other. The report consists of General Report, Innovative Practice, Venues Operation, Comparisons and References, etc. The General Report comprehensively sorts out and extracts the innovative exploration and specific practices of Shanghai in setting up the public culture service and also proposes directions for future development as well as related advices. The Innovative Practice, by selecting and studying specific cases of public culture building in Changning District, Jiading District, Minhang District and the rest of the city, introduces their unique experience respectively. Venues Operation focuses on how the operating mechanism of public cultural facilities innovates in public libraries, Museums and art galleries in order to have a comprehensive analysis of the cultural governance of library, the culture-education combination in Art Museum, functions of collections in art galleries, art education of China art museum of Shanghai, and the painting academy system in the new period. In the part of Comparisons and References, both domestic and overseas references are provided, including the reconstruction of the public space in Beijing, comparisons of public cultural policies between Britain and Germany, European and American cultural codes, "People's Culture Supermarket" in Jiaozuo, the volunteer service project of Suzhou Municipal Center of Public Culture on promoting citizens' cultural and artistic attainment and other beneficial experience and effective practices.

目　录

一、总　报　告

二、创　新　实　践

三、场馆运营

四、比较与借鉴

CONTENTS

I General Report

II Innovative Practice

III   Venues Operation

IV   Comparisons and References

一、总报告

1

推动公共文化服务体系
建设创新实践的上海经验

陈起众

摘 要 上海推动公共文化服务体系建设的创新实践,始终坚持以保障人民
群众基本文化权益为目标、以体制机制创新为先行、以加强基层公共
文化建设为切入点、以树立先进范例为抓手,通过顶层设计、试点实
践、典型引路、以点带面,推动了全市公共文化服务的基础设施、内容
形式、运行方法、管理机制、技术手段等的创新,提升了全市公共文化
服务效能,使人民群众的基本文化权益得到有效落实。

党的十八届五中全会提出:"坚持创新发展,必须把创新摆在国家发展全
局的核心位置,不断推进理论创新、制度创新、科技创新、文化创新等各方面的
创新,让创新贯穿党和国家一切工作,让创新在全社会蔚然成风。"建设公共文
化服务体系,也必须要以创新作为发展的引擎,放在核心地位。上海始终强调

要以创新的思路建设公共文化服务体系,从加强街道(乡镇)基层公共文化设施建设入手,积极推动改革创新。在经过了反复调查研究和试点实践的基础上,至2010年建成了覆盖全市街道(乡镇)、融科、教、文、体、信息服务于一体的社区文化活动中心,打破了以往计划经济环境下条块分割、各自为政的公共文化建设模式,开启了上海公共文化服务体系建设的创新发展之路。尤其是党的十八大以后,上海坚持以习近平总书记系列重要讲话精神为指导,坚持以创新发展为动力,坚持以人民为中心的工作导向,建设了一批具有特色性、示范性、可复制推广的公共文化建设创新项目,从内容到形式,从功能配置到运行管理,面貌焕然一新,有效地提高了公共文化服务能级。

回顾总结上海公共文化服务体系建设的创新发展之路,笔者有以下几点认识。

一、顶层设计,制度先行,助推创新实践

公共文化服务体系建设是前所未有的一项文化事业,在文化发展史上是一大创新,具有里程碑意义。长期以来,公共文化建设在计划经济体制下虽也取得不少成绩,但存在思想观念、体制机制以及工作上的种种弊端,诸如各自为政重复建设,管办不分机制僵化,偏重硬件忽视软件,注重设施规模疏于质量效益等,公共文化事业缺乏可持续发展活力,造成有些建得很好的公共文化设施不能有效地发挥作用,有的甚至异化变性。中央提出公共文化服务体系建设,它准确地反映了文化发展的规律,具有丰富而深刻的内涵,它包含了"公共文化产品生产供给、设施网络、资金人才技术保障、组织支撑、运行评估"五个方面七项内容,是一个完整的、系统的、不可分割的有机体,体现了文化理论、发展观念以及工作实践上的创新。在2015年中共中央办公厅、国务院办公厅颁布的《关于加快构建现代公共文化服务体系的意见》中,进一步指明了公共文化服务体系建设发展的路径,强调要将改革创新作为加快现代公共文化服务体系建设的动力与基本原则;特别指出要"加快转变政府职能,完善管理体制机制"。这说明公共文化服务体系建设,要以创新作为指导思想,要让

制度创新冲破一切束缚文化发展的思想观念和体制机制障碍,让制度有效地规范组织间的相互关系和工作实践,激发出人们高度的主动性、积极性和创造性,在创新实践中发挥制度的先导作用和保证作用。

遵照中央的指示精神,上海公共文化服务体系建设着力从顶层制度设计着手,以社区文化活动中心建设为切入点与突破口,以改革与公共文化服务体系建设不相适应的体制机制为重点,制定了相关的政策制度。2012 年,由市委宣传部牵头,市文明办、发展改革委、财政局、文广局、规划局、民政局等 15 家相关单位,于 2004 年组成的"上海市社区文化服务工作领导小组",调整为"上海市公共文化服务工作协调小组"(下简称"协调小组"),完善了相应的工作制度,健全了统筹协调机制,承担起对全市公共文化服务体系建设的决策审议、统筹协调全市公共文化建设重大事项、落实国家重大公共文化工程任务的职责,突显了政府在公共文化服务体系建设中的主体责任。市委宣传部、市文明办、市发展改革委、市文化广播影视管理局(下简称"市文广局")等十家部委办局单位,制定了《上海市社区文化活动中心配置要求》,明确社区文化活动中心是一座综合性、多功能、共建共享的基层公共文化设施,规范了社区文化活动中心建设标准,并决定将建设计划纳入上海市经济社会发展的总体规划,作为政府实事工程在全市推进。2011 年 4 月,市委办公厅和市政府办公厅制定并下发了《关于本市加强社区文化活动中心建设和管理的指导意见》;2012 年 11 月,由市人大常务委员会通过《上海市社区公共文化服务规定》并颁布实施;2015 年 8 月,由市委办公厅和市政府办公厅颁布了《上海市贯彻〈关于加快构建现代公共文化服务体系的建设意见〉的实施意见》及《基本公共文化服务实施标准》;2016 年 4 月,市政府办公厅又制定颁发了《关于本市贯彻〈推进基层综合性文化服务中心建设指导意见〉的实施意见》。2016 年 10 月,上海市委发布《关于贯彻落实〈中共中央关于繁荣发展社会主义文化的意见〉的实施意见》。这些政策法规与规范性文件,围绕基层公共文化建设,以创新的思路,总结了近年来改革实践的经验,将保障人民群众的基本文化权益作为根本目标,将体制、机制的创新放在首要位置,谋划全市公共文化服务体系的建设与发展,并在顶层制度设计的基础上,进一步做出了一系列具体的制度性安排,主要有以下方面。

1. 建立共建共享机制,加强基层公共文化建设

为加强基层公共文化建设,上海决定在街道(镇)建立社区文化活动中心。在市委宣传部、市文广局等十家部委办局单位制定的《社区文化活动中心配置要求》中明确:社区文化活动中心是以街道、乡镇为依托,以资源共享为原则,"是为社区居民提供文化、体育、教育、信息服务的多功能文化设施";"通过室别功能多用、开放时间错位等方法,尽可能提高各设施项目的利用率,降低闲置率,避免重复建设和资源浪费"。在市民政局等五家委局单位联合发出的《关于本市体育、文化、教育设施资源向社区开放的意见》中,要求"围绕社区公共文化服务体系建设,以社区内企事业单位的设施资源为载体,加大资源整合统筹力度,向社区居民开放""提高资源共享水平,以满足社区居民日益增长的对体育、文化和教育的需求"。市文广局还发出通知,要求社区图书馆电子阅览室、文化共享工程基层服务点、社区信息苑"三位一体"建设,提供"一站式"服务,实现资源共享。由市委宣传部、市文广局、新闻出版局等五家部委局单位联合颁发的《上海市关于推进"农家书屋"工程建设的实施意见》,也明确规定"农家书屋""统一设在村综合文化活动室内","与东方农村信息苑、农民科技书屋等农村公共文化建设项目共建共享"。共建共享的理念,化成了制度,通过"协调小组"统筹规划,落实于公共文化建设项目,实现了全市公共文化基础设施和重大文化工程项目的城乡全覆盖,建设15分钟公共文化服务圈的目标日臻完备,有效地提高了基层公共文化设施的建设水平。

2. 建立社会化专业化运行管理机制,提高公共文化设施管理水平

从建设社区文化活动中心开始,就在打浦桥、临汾路街道等社区文化活动中心,探索运行管理机制的改革创新。2015年在全面总结试点经验的基础上,"协调小组"决定在全市推进社区文化活动中心社会化专业化运行管理模式。市文广局颁发了《关于推进上海市社区文化活动中心社会化专业化管理的工作方案》及相配套的一系列制度,包括《上海市社区文化活动中心社会化专业化管理服务标准》《上海市社区文化活动中心社会化专业化管理主体资质标准》《上海市关于政府购买社区文化活动中心社会化专业化服务的参考流程》

《上海市社区文化活动中心社会化专业化管理监督管理办法》《上海市社区文化活动中心社会化专业化管理费用参考》《上海市社区文化活动中心社会化专业化管理服务合约参考文本》等文件，还出台了首批《上海市社区文化活动中心社会化专业化管理合格主体目录》。社区文化活动中心社会化专业化管理的这些政策制度的制定与实施，突破了传统体制机制的障碍，引入了社会组织参与公共文化服务与管理，改变了长期以来公共文化建设由政府独家经营、管办不分的体制机制，实践中创造出由社会主体参与"公共文化设施整体委托管理""公共文化部份服务功能委托运行""购买公共文化服务项目"与社会组织合作联建等多种社会化运行管理模式，形成了由政府主导、社会组织参与公共文化服务与管理的新格局，提高了基层公共文化设施利用效益，也为全面推进公共文化服务社会化发展、专业化运行管理，提供了可复制、可推广的经验。

3. 建立供需对接的资源配送机制，丰富公共文化服务内容供给

上海市委制定的《关于贯彻落实〈中共中央关于繁荣发展社会主义文化的意见〉的实施意见》，强调现代公共文化服务体系建设要"坚持以人民为中心的工作导向"，"健全公共文化配送机制"，建立"向社会购买公共文化服务机制"。市文广局制定了《向社会力量购买服务管理办法》，上海群众艺术馆成立"上海东方公共文化内容配送中心"，编制了《上海市公共文化内容配送工作管理办法》及相配套的《上海市公共文化内容配送专项资金使用管理办法》《上海市公共文化内容配送产品采购标准》等制度，以及《上海市公共文化内容配送产品采购申报指南》《上海市公共文化内容配送产品评审标准》《上海市公共文化内容配送项目巡查标准》《上海市公共文化内容配送工作简明流程及说明》等具体制度办法。市文广局还以政府专项资金为引导，通过媒体向社会公布专项资金申报公告和政府购买服务清单目录。这些制度的制定与实施，激发了社会各方力量参与文化建设的主动性、积极性，形成了文化资源整合、竞争与供给机制，为基层公共文化机构获取优质的、创新的、公益的文化资源提供了有力的支持，为广大人民群众享受基本的、均等的、便捷的文化产品与服务拓宽了渠道、丰富了内容。

4. 建立由社会公众参与的民主管理机制，实现对公共文化服务有效监管

《关于本市加强社区文化活动中心建设和管理的指导意见》中指出，"社区文化活动中心应建立由社区居民、群众文艺团队代表等参加的民主管理制度"，在《上海市社区文化活动中心社会化专业化管理监督管理办法》中更具体提出，要对管理主体"实行直接监管、专业监管、民主监管"的"三位一体"监督管理制；并要求完善公共文化服务绩效评价工作机制，信息反馈制度，建立"理事会"制度、专业机构、专业人员进行第三方监督管理制度等。市文广局还制定了《重大文化活动评估指标体系》《社区文化活动中心考核评估标准》与委托第三方的评估办法。考核评估要求突出以服务为重点、以绩效为核心，突出工作的导向性、设施的利用率与公众的满意度，委托东方公共文化评估中心实施考核评定。公共文化内容配送工作建立了巡查制度，规定由配送工作机构、专业机构、新闻工作者等组成巡查组，通过明察暗访，对配送产品质量、配送管理、服务效果以及受众满意度，做出客观评估。民主监督制度的建立，确保公共文化服务创新发展有正确的方向与良好的运行效益，保证考核评估工作的客观与公正。

上海从顶层制度设计入手，制定了一系列政策法规以及制度规范，确立起政府对公共文化建设的主导地位，打破了长期以来管办不分、各自为政的体制壁垒；引入了市场竞争机制，吸引社会各类主体广泛参与，改变了由政府独家大包大揽的经营格局，为公共文化服务体系建设的创新，提供了强有力的组织支撑、良好的制度环境与政策保障，这是上海推动创新发展的关键之举。

二、发掘典型，树立范例，引领创新之路

上海在推进公共文化服务体系建设创新发展的过程中，一直强调要从实际出发，调查研究，积极探索，先试先行；一直坚持总结实践经验，树立创新样板，在每年举行的"公共文化建设工作大会"上交流创新项目与工作经验，起到典型引路作用。2012年以来，先后介绍了东方宣传教育中心公开招标，汇集社会资源，面向基层，提供"菜单式"文化资源配送服务的经验；交流了打浦桥街

道创新机制、服务群众,委托华爱社区服务管理中心对该文化活动中心实行社会化专业化运行管理的新模式;推介了嘉定区开展"百姓书社""百姓说唱""百姓睦邻点"等由群众自我参与、自我服务、自我教育、自我管理的"百姓系列"活动;推广了"上海市民文化节"实行多元社会主体参与办节的运行机制等。2014年,"协调小组"在全市范围内全面启动"公共文化建设创新项目"的推选工作。首先从历年来的创新实践中,总结了24项弘扬社会主义核心价值观、创新性强、影响面广、受广大市民欢迎的创新项目作为样板,通过《新民晚报》和上海微信、微博,面向全市发布,推动创新项目的不断涌现。当年就评选出101个创新项目,2015年评选了150个创新项目,2016年又选出95个创新项目,三年共评选了346个创新项目。这些创新项目几乎涵盖了公共文化服务的设施建设、内容形式、方法方式、运营管理、技术手段等方面,展现出上海贯彻文化体制改革精神、推动公共文化建设创新发展的勃勃生机,反映了这十余年来,尤其是近五年来公共文化服务体系建设所取得的丰硕成果。归纳这些创新项目,有以下几方面特点:

1. 服务主体多元化,增强公共文化发展活力

几乎在所有的创新项目中,都渗透有社会主体参与公共文化服务的特点,且呈现出多元化发展趋势,为公共文化服务体系建设增添了强劲的活力。

有非文化政府机关参与的。如市、区科委在社区文化活动中心创办"社区创新屋",以"动手参与,激发创意"为宗旨,提供国内外不同类型的小型机床、辅助工具,配备相应的指导教师,教会民众使用技术,引导市民把动手创新作为新型的休闲娱乐方式,以实现"我创意、我设计、我动手、我快乐"的目的。又如杨浦区社建办、民政局等部门,联合推出"杨浦区睦邻节",举办睦邻节专场演出、睦邻歌曲征集、闲置物品交换、精品仓睦邻节特卖、多样屋展示、记忆中的老游戏、邻里间互帮互助等等活动,打造了睦邻文化新形态,平均每天吸引客流两万余人。

有企业机构参与的。如上海炽动传播有限公司,在首届上海市民文化节承担举办"回家吃饭——社区亲子厨艺大赛",以哈哈少儿频道《回家吃饭》节目为载体,通过现场比拼烧菜,让每个区的居民都有机会参与活动,从而感受

到灶台上、餐厅里的快乐，倡导幸福家庭、和睦社区的文明氛围。又如由浦东陆家嘴金融城举办符合白领文化需求的"白领午间音乐欣赏会""陆家嘴好声音"等活动，实行"文商"合作，打造了"文化小陆家嘴"。嘉定区安亭镇，在2015 年市民文化节中，推出"文化一家门"，有 30 多个公共文化活动项目让社会主体认领，其中汽车城集团认领了大型演出活动项目，主办了汽车文化节、青鸟音乐节、森林民乐交响等，其余活动项目也被辖区内的各社会组织认领，全年举办了 500 多场文化惠民活动，受益群众逾 60 000 人次。

有"民非"机构参与的。如上海市华文创意写作中心，在居民小区助建"华文社区公益书坊"，开设了"社区写作工作坊""社区戏剧工作坊"，举办"让百姓发声"等活动，为社区群众提供公共文化服务，使小区拥有了自己的文化客厅。又如由上海人生大不同公益发展中心，策划和组织了"大不同演讲""大不同会馆""大不同学院"和"大不同创新坊"四大主体活动，三年多来受众达数万人次，成为青年文化基地。闵行区太阳花社区儿童服务中心，2012 年开始设立太阳花进城务工人员子女教育项目——合唱课，而后组成了以 4—15 岁外来务工人员子女为主体的"太阳花童声合唱团"，三年来，为 310 名少年儿童提供了超 500 小时的免费艺术教育，成为深受百姓喜爱的公益性文化项目。

有社会团体参与的。如上海电影评论协会，举办"盲童非视觉摄影系列活动"。"电影评论协会"通过培训志愿者，组织志愿者与盲童一一配对，教会盲童用触觉、听觉、嗅觉等感官去拍摄照片，帮助盲童拿起相机，在游览公园时把握拍摄目标，按下快门。摄影活动完成后，举办"放飞心灵、触摸世界——上海首届盲童非视觉摄影展"，使盲童体验摄影的乐趣，更加热爱生活。又如上海市收藏协会，举办"上海淘宝文化节"，有百余家单位团体参加，举办了"纪念抗战胜利暨反法西斯战争胜利 70 周年"藏品展，开展了"上海·巴黎联动活动""淘宝小护照活动"等，各类活动有 320 余场次，参与活动的人次达 30 万。

有公民个人参与的。如江桥镇文化中心，邀请著名记者、电视台主持人骆新建立工作室，开设"新闻学堂"，举办"我是记者"名人课堂、"童眼看世界"专栏、"我是小主播"等活动。骆新等记者、主持人，每两周为孩子们安排在校内，或在电视台，或在录音棚上课、活动，帮助孩子们提升综合素质。又如 84 岁的李大来先生,将他收集的来自世界各国的100多件机械古钟藏品送给政府,开了一个"大来时间馆",大来先生还邀请自己的老朋友、老部下、并招募了一些年轻人一起当"时间馆"的志愿者,为参观者讲解机械钟表的历史背景和物理知识,观众还可以观摩钟表修理过程。在李老先生影响下,连环画家王万春等一些文化人士也纷纷加入这一义举,开设连环画工作室、古琴工作室、城市书房等,成为该地区的文化休闲新业态。

社会多元主体参与公共文化建设,逐步形成由政府机构、企事业单位、非营利组织和广大公民共同提供公共文化服务供给的新局面,改变了仅仅依靠政府提供的单一方式,增强了公共文化发展活力,这是现代公共文化服务与传统公共文化服务很重要的不同之处,也是创新发展的方向与重要内容。

2. 拓展公共文化空间,营造都市文化氛围

上海形成了覆盖全市的市、区、街(镇)、居(村)四级公共文化服务网络,但还不能跟上城市人口增长、文化需求变化、城镇化发展等的需要。鼓励社会力量参与公共文化建设,拓宽公共文化活动空间,营造良好的城市文化氛围,这也是公共文化服务创新的一项基本内容。

延伸公共文化活动舞台。如申通地铁集团,在地标性的人民广场等地铁站台,创立"上海地铁音乐角""地铁图书超市""地铁美术展",成为城市新空间的文化输送带。又如月星集团在48万平方米的"上海环球港"购物中心,辟出1万平方米,设有商家博物馆、环球港美术馆、公共演艺空间、非遗文化展厅等,打造了涵盖文化、音乐、艺术、旅游等多元化的公共文化活动场所。

构筑大众阅读新空间。如奉贤区图书馆,根据区域内用户阅读需求,与工业园区、大型居住区、企事业单位、咖啡馆等结成"城市阅读联盟"。图书馆与大居社区合作,建设大居社区图书馆;与咖啡馆合作,建设文化新空间;与部队合作,建设军营图书馆等。参与奉贤区"城市阅读联盟"的除区与街镇图书馆外,已与90多个企事业单位、24个部队单位、11所学校、6家咖啡馆,开辟了市民阅读的新空间。又如由上海作家协会等单位共同在思南路上的"思南公馆",打造思南书集与思南读书会,于每周六在"思南文学之家"举办室内主题读书会,在室外"花墙广场",由多家特色书店设立露天书市,这里被誉为"申

城文化阅读活动新地标"。

3. 弘扬核心价值观,提升公共文化服务品质

公共文化服务的创新,以内容为本。坚持以社会主义核心价值观为引领,传播健康有益的文化,为人民群众提供精神指引,这是公共文化服务之魂,也是公共文化创新实践的重要组成部分。

传颂以爱国主义为核心的民族精神,这是公共文化服务内容创新的首选。如上海四行仓库抗战纪念馆,推出浸入式教育戏剧"四行仓库保卫战",以"八一三"淞沪抗战后期四行仓库保卫战为基本素材,以纪念馆陈列为基本场景,通过创作情境,让未成年学生以"角色"表演的方式参与,体验"八百壮士"前仆后继的抗战精神,接受爱国主义教育。又如上海文化艺术档案馆,举办"京剧四大行当艺术档案展",让观众直观感受京剧四大行当的人物特色,感受中华民族的国粹艺术和文化瑰宝。市群众艺术馆举办"中华传统经典诵读大赛",突出爱国、敬业、诚信、友善等要素,改变传统竞赛方式,通过诵读、网络答题、主题展演等形式,扩大传播的辐射面与影响力,唤起广大市民对于祖国传统经典文化的理解与认同。老上海茶馆有限公司,举办"老上海风情展""上海文化公益讲座""爱上海沙龙""本土茶馆音乐"等活动,搭建"文化寻踪——探访老上海"平台,让参与者感受上海大都市的文化底蕴,领略祖国文化的博大精深,倍增爱国情怀。

传播中华美德。如金山工业区文体服务中心举办"清风书场",创编了40余个廉洁故事,以金山本地的吴语为特色,用评话的艺术形式,传播清正廉洁的高风亮节。又如上海市妇联等相关单位,联手开展"好家训、好家风、好家庭"主题宣传活动,举办"家庭风貌展",评选"海上最美家庭"等,宣传和践行中华美德。

提高艺术修养。如上海国际艺术中心推出"艺术天空",将世界顶尖艺术从舞台剧场延伸到了广场、公园、社区、学校,请名家名团唱主角,引领大众走向艺术经典。又如上海音乐厅举办"音乐午茶"公益音乐会,将中华民族文化融入现代时尚元素,每周一至周五中午向社会开放,市民可以欣赏到高雅艺术,从2012年至2016年已演出了千场,受益群众近8万人次。上海邬达克文

化发展中心举办"邬达克建筑遗产文化月"活动,"听邬达克故事,赏老上海建筑",让参与者了解上海历史文脉,领略建筑文化艺术的美学魄力。

培育创新精神,也是公共文化服务内容创新的重要方面。如崇明绿华镇举办"稻草文化艺术创意活动",以农村自然资源稻草为主要原料,推出用稻草设计制作的比汽车还大的"崇明蟹"为引子,吸引游客观赏,并由此开展亲子活动,带领孩子们制作各类稻草造型,如牛、山羊、长颈鹿等,激发起他们的创造热情,培养动手能力,由此逐步变成了一项全民参与的创意活动。

4. 融合现代科技手段,适应市民文化生活新需求

随着现代信息技术的迅猛发展,人们精神文化生活也发生很大变化,传统的服务方式与手段已不能满足群众需要。让文化与现代科技融合,为人民大众提供时尚、便捷的服务,无疑也是创新的重要方面。

打造数字文化资源。如闸北区(今为静安区)打造"智"文化服务平台,联结区域内文化场馆、演出、图书、非遗资源,建成了"云媒体数字资源库";搭建了覆盖手机、移动终端、个人电脑和公共文化设施服务终端在内的文化信息传播、分享、互动平台,形成公共文化数字配送与互动服务系统,市民可以实实在在地享受到便捷优质的文化服务。又如嘉定区建立"文化嘉定云",把图书馆、文化馆、文化中心、博物馆、竹刻博物馆、陆俨少美术馆、孔庙等的文化设施与各类特色文化资源整合一起,予以数字化,进行虚拟现实展示,还可以提供回看,形成了一个区域特色文化资源的观赏平台,市民可以足不出户,在网上真实、流畅地体验数字文化带来的全新感受和乐趣。

融入文化活动。如上海熙智媒视频技术有限公司,策划举办的"中华优秀传统文化礼仪大赛",利用互联网优势,采用微信、微博的传播方式,进行有奖问答;用"微电影""随手拍"的光影手段,传承中华优秀传统文化礼仪;又如金山区枫泾镇是中国故事基地,由枫泾文体服务中心打造"互联网+枫泾故事会",推出了"枫泾故事会"——微信公众号,定期发表创作的新故事,发布举办故事赛事和活动信息,推送有声故事等。这些活动一改平面传播与服务的传统手段,融合受众乐于接受的现代化方式,使群众文化活动变得更活泼、更有生气与吸引力,提高了群众的参与度。

应用于公共文化评价。如市民文化节百强团队评审,公共文化资源配送项目的社会采购评选等,用互联网+、"文化数字云"平台,让广大市民群众一起加入测评活动,调动了社会参与的积极性,并应用大数据分析识别与评价,保证了评选的公正客观。

5. 改革运行管理模式,提升基层服务水准

上海始终将管理运行机制的改革创新放在重要地位,在顶层制度设计的指引下,实践中创造了多种管理运行模式。

理事会决策管理。如浦东金海文化艺术中心,是本市首家推行"公办民营"的区级公共文化设施,建立由各方代表组成理事会的决策领导制度,委托社会机构法人主体实施运行管理,各方代表参与监管,并邀请第三方评估。在新机制驱动下,金海文化艺术中心服务资源丰富,人气旺盛,年接待群众达20万人次。

专业化运行管理。如瑞金二路街道,委托拥有文化管理专业人才和文化资源的民办非营利机构"浦江公共文化服务中心",负责对街道文化活动中心的活动策划、物业服务、团队管理、设施开放等方面实施一体化运行管理。

群众自主管理。如嘉定镇培育了社会化自治组织——"聚乐轩"群众文化志愿者管理委员会,由地区18个不同类别的群众性文体团队的队长组成。"聚乐轩志愿者管理委员会"发动并组织团队成员,通过民主协商,一起负责管理文化活动中心,形成群众"自我参与、自我服务、自我教育、自我管理"模式,体现一种群众自主精神。

合作共建共管。如浦东惠南文化艺术指导分中心,与区域内50多家企事业单位、社区、学校、文化团队签署了共建共享服务协议,结成"浦东惠南艺术联盟",实现区域内文化资源的整合与文化活动的共商、共建、共享,弥补了公共文化产品和服务内容不足的问题。

习总书记指出:"创新是引领发展的第一动力","充分尊重群众的首创精神,着眼于解放和发展生产力,放手支持群众大胆实践,大胆探索,大胆创新,及时发现、总结和推广群众创造的成功经验,把群众的积极性和创业精神引导

好、保护好,充分发挥了人民群众在改革开放和现代化建设中的主体作用,为改革发展创造了一个宽松的环境"。习总书记的指示,是推动创新发展的指导思想与实践的指针。基层公共文化机构是为百姓服务的第一线,实践出经验,经验在第一线。上海把工作重心下沉到基层,从基层工作中发现与总结经验,并不断用创新实践的典型案例引路,发挥其示范与带动作用,促进公共文化服务体系建设的不断创新发展,这是一条重要经验。

三、延伸辐射,以点带面,形成创新效应

发现并总结创新典型,不是最终目的,这只是推动公共文化服务不断创新发展的重要一步;复制推广,延伸辐射,产生创新的连锁反应,全面提升公共文化服务的整体效能才是根本。上海在推动公共文化服务体系建设创新实践的过程中,市委、市政府及市文化主管部门,不仅制定并颁布了一系列促进创新发展的政策法规与指导性文件,并通过抓试点、树样板、典型引路、以点带面,着力把制定的政策制度转化为可操作的具体措施,以及可行性、可操作的项目,并且把局部经验推广到全市,构建成全局性的创新项目,从而产生出强大的整体效应,在以下工作中可见一斑。

1. 推进社会化专业化运行管理机制

全市在推进社区文化活动中心建设的同时,就对运行管理的体制机制提出了改革创新的要求,并在少许街镇的社区文化活动中心进行探索,而后又在全市公共文化建设大会上推广了打浦桥街道办事处、委托"民非"机构——华爱社区服务管理中心对打浦桥社区文化活动中心实施社会化专业化运行管理的经验,继而又扩大到徐汇、浦东、嘉定、闵行等4个国家和市级公共文化服务体系建设示范区的社区文化活动中心进一步试行。通过了一系列试点,社会主体参与社区文化活动中心运行管理的经验逐步成熟,并总结与制定出了一套社会化专业化运行管理的制度体系。市文广局通过召开全市推进大会、试点单位现场会、交流会等方式,向全市推广经验。明确所谓社会化管理,"其本质是让更多的社会主体参与社区文化活动中心的管理和服务,丰富社区文化

活动中心的活动内容,核心是提升专业化水平,更好地满足群众多元需求";所谓专业化管理,"一是按照专业标准进行管理,二是由专业团队实施管理,三是达到专业管理水平";在实施方式上"可以分为全委托管理、部分委托管理(场地设施或文化活动项目)、街镇自行管理(按照服务标准)三种模式";管理模式的选择,"强调因地制宜,选择权在基层"。从而推动全市各区各街镇的社区文化活动中心根据各自的实际状况,选用不同的模式实施运行管理。截至2016年,全市建成运行的216家标准化社区文化活动中心,有超过90%的社区文化活动中心委托企业、社会组织、群众文艺团队等各类主体参与整体管理或部分项目管理。

社会主体参与运行管理后,带来了新的发展理念、新的文化资源、新的服务方式、新的管理手段,增强了社区文化活动中心的活力,从而提高了市民对社区文化活动中心的满意度,被群众誉为"家门口的精神乐园"。

2. 打造公共文化资源配送体系升级版

上海把公共文化产品的生产供给,提高基层公共文化服务水准与能力,始终放在建设的重要位置谋划。在"协调小组"统筹下,2004年开始搭建了由东方宣教服务中心、东方讲坛、东方社区学校服务中心、东方社区信息苑、东方社区文化艺术中心、东方永乐农村数字电影院线等6家不同体制机构组成的公共文化内容配送平台,由政府出资5 500万,通过"整合资源、百姓点菜、政府买单、按需配送"的方式,为基层公共文化机构提供演出、讲座、展览、培训、信息服务、艺术指导、农村电影放映等公共文化内容配送服务,创新了文化产品的供给机制,受到社区群众欢迎。为了加快建成现代公共文化服务体系,实现基本公共文化服务标准化、均等化,满足群众不断增长的文化需求,2005年"协调小组"拟定了《关于进一步做好"东方系列"公共文化配送工作的方案》,决定打造资源配送服务的升级版,进一步推进公共文化资源供给的社会化,提高资源配送数量与质量。"升级版"有以下特点。

一是市区联动,实行资源差异化配置。由市群众艺术馆将原六个"东方配送机构"整合一起,建立统一的配送平台——"上海东方公共文化内容配送中心"。内容配送服务立足市、区、街镇三级公共文化设施网络,构建配送"1+

17"市区联动机制。市级配送注重优化内容结构,扩大产品供应主体,强化示范性、引领性、指导性;区级配送注重集聚本区域文化资源,提倡多样化、普惠性;街镇配送工作要求在做好市区内容配送的接收工作基础上,向居委(村)延伸,注重满足群众自我教育、自我娱乐、自我服务。市、区、街镇三级联动配送机制的创新,实现了资源差异化配置,提高了配送服务的数量质量。

二是公开招标,扩大资源供给主体。通过召开配送产品征集工作媒体信息发布会、在"数字文化云"平台上公示、与配送主体沟通等方式,进一步吸引优秀的社会主体参与到公共文化配送工作中来,拓展了资源进入渠道。并以组织举办供需双方见面会的形式,促进"供需对接"。2016 年参与市级配送的单位达到了 110 家,项目 355 个;参与区级配送的主体数量达 575 家。

三是资源配送,强调"供需对接"。为提高配送资源的有效性与针对性,通过大数据分析群众需求的基础上,确立配送资源内容的重点,向更受市民欢迎的文艺演出、特色活动、文艺指导方面倾斜;投入资金增加到 6 500 万;资源配送力度进一步加大对远郊地区倾斜;运行过程中建立起巡查制度与反馈制度,由群众评说,保障了社会主体供给配送资源内容的质量效益。

公共文化内容配送系统的创建与升级版的打造,完善了"市区联动""举手申报""点单采购""需求对接""绩效评估"等五大配送服务机制,提高了公共文化产品供给的数量与质量,2016 年市区两级配送演出 9 572 场、文化讲座 3 253 场、电影 139 293 场、艺术教育活动 20 766 场、文艺指导员 79 082 课时,受众共达 2 472.3 万人次,丰富了人民群众的精神文化生活,提升了基层公共文化设施的利用效率和机构的管理能力。

3. 举办永不落幕的"市民文化节"

从 2013 年起,上海举办"市民文化节"。"市民文化节"承载了"传承中华优秀文化,引领社会主义核心价值观""普及市民艺术教育活动""培育区域特色文化品牌""提升公共文化服务效能"等的五大功能。"市民文化节"将活动重点放到社区基层,实现了"百个社区大展示""万支团队大竞技""社会各界齐参与""千万市民共享受"的目标,促进了基层公共文化设施的有效利用,让普通民众实现艺术梦想,丰富了精神文化生活。市民文化节的创新亮点,主要有以下两点。

一是社会主体的广泛参与，创新了办节机制。"市民文化节"贯彻推动公共文化社会化发展的精神，通过媒体广发"英雄帖"征集社会组织来参与办节，文化行政主管部门主动退至后台。有的社会组织主动举手要求承办主题活动，如上海收藏协会承办"市民收藏大赛"，办出了上海历史上规模最大、参与人数最多、品种最齐全的民间收藏展示活动；有的社会组织将自创的文化主题活动项目申请纳入市民文化节，如上海阿卡贝拉文化中心，申报举办"阿卡贝拉艺术节"，把这种新的文艺形式带入市民文化节，打造成了音乐节的品牌项目；有的社会组织接受政府招标、购买服务，将优质资源提供市民文化节，如闵行市民文化广场管理委员会、上海星炼科技有限公司等，接受承办"市民合唱大赛"，提供专业化服务；有的社会组织与公共文化机构合作共办市民文化节活动，如市民文化节组委会与东方艺术中心合作共办"家庭音乐会"、与上海市语言文字工作委员会联手推出"中华古诗词大赛"等。据统计，每年由50多家社会主体将自创的文化主题活动申请参与市民文化节。市民文化节还将活动延伸到全市各区域，形成1（市）+16（区）+209（街镇）的三级联动体系，有效地整合了区域文化资源，促进了基层公共文化设施满载运营。

"市民文化节"创新了办节机制，成为社会组织参与公共文化建设的平台，它改变了以往政府主办节庆活动的传统方式，由政府主办变政府主导，承接单位由体制内单位向社会力量共同承办转变，形成了"政府主导、社会支持、各方参与、群众受益"的举办节庆活动的新机制、新格局。

二是现代科技手段的应用，创新了活动方式。市民文化节应用现代信息化技术，使活动变得生动活泼而富吸引力，特别适合青年群体的参与。如"中国梦·上海情"沪语大赛，依托新民网"侬好上海"，开辟网络赛区平台，推出了"沪语水平测试"活动，共有8 000余位用户参与答题，200多人用微信上传了特色音频才艺，超过15 000人次参与复赛与30强的网络投票。又如由杨浦区图书馆与上海朗诵协会等合作举办的"阅读好声音"全城微朗读大赛，依托网络传播，通过移动终端上传"阅读好声音"，唤起了广大市民阅读热情。运用网络开展群众文化活动，突破传统活动的方式方法，拓展至立体的、多维的、不受时空限制的互联网运作,市民文化节树立了活动方式创新的典范。

办节活动机制与方式的创新,使文化节内容丰富、范围拓展、辐射面扩大、专业化程度提升。全市每年春夏秋冬四季举办文化活动达5—6万项,参与人次超过3000万,使基层公共文化设施获得优质的内容支撑、提高了利用率,使参与的社会主体业务水平提升、社会影响力扩大、新主体得到培育,使广大市民能就近、方便地享受丰富的文化服务、获得自我展示风采的体验、提高了文化素养,打造了一个永不落幕的"市民文化节"。

4. 搭建"文化上海云"平台,支撑公共文化服务全面创新

让公共文化服务插上现代信息技术翅膀,市民可以不受时空限制,便捷地参加线上线下活动。上海从2013年开始启动"文化上海云"建设,并纳入上海智慧城市建设行动计划。首先在嘉定区、闵行区、闸北区试点,三区分别创建了"文化嘉定云""文趣闵行""海上智文化"服务平台。在试点基础上。市文广局依托"上海创图科技公司"的专业技术,研发了软件平台,按照"互联网+文化"的要求,综合运用云计算、云存储等技术,建立"文化上海云",并在全市逐步推进建设。"文化上海云"有两个突出亮点。

一是整合资源,功能齐全。"文化上海云"整合市、区、街(镇)的文化活动和场馆信息,围绕市民对公共文化"我要知道、我要参与、我要互动、我要评论"的需求,开发了信息公告、活动预约、场馆预订、空间展示、社团风采、竞赛互动、文物鉴赏、文艺培训、大数据分析等9大功能,面向市民提供一站式服务。市民百姓可以通过手机、移动终端和电脑接入等方式,只需在门户上点击相应服务模块,不受时间和地域限制,就能快捷地享受文化服务。

二是稳步推进,覆盖全面。"文化上海云"按照"统一规范、分头推进、独立运营、系统整合"的原则,通过试点,细化了建设标准,将"文化上海云"建设逐步推及全市。目前,"文化上海云"覆盖了市、区和街道(镇)共370多个文化馆、图书馆、展览馆、美术馆和社区文化活动中心,每年汇集全市6万余场公共文化活动信息和3000多个文化社团信息,方便了市民参与。如市民文化节依托"文化上海云",搭建了线上报名、节目视频上传和评选平台;又如举办"云平台应用大赛""百强公共文化配送创新产品"网上投票评选等活动,吸引

了广大市民的积极参与,也动员起更多的社会主体推出精彩的文化活动。

"文化上海云"成为全国第一个实现省级区域全覆盖的公共文化数字化服务平台,推动了公共文化服务转型,解决了公共文化服务知晓率、参与率和场馆利用率低的问题,也激发了社会主体参与公共文化的主动性与积极性,为加快建成现代公共文化服务体系迈出坚实一步。

纵观上海推动公共文化服务体系建设创新的做法,笔者有以下三点体会。

推动创新要坚持以人民为中心的指导思想。《关于加快构建现代公共文化服务体系的意见》明确指出,"以人民为中心"是公共文化服务体系建设的指导思想与基本原则。上海展现出公共文化建设的创新成果,有的打造"家门口的文化乐园",让百姓就近、方便、快捷地享受公共文化服务;有的从对象上着力,将服务重点、资源分配的重点下沉到农村、社区、基层,让各类群体都能享受均等化的基本公共文化服务;有的从内容上着眼,以社会主义核心价值观为引领,海纳百川,融合多元化的文化产品,发展先进文化,创新传统文化,支持健康文化,使人民群众的文化素质与凝聚力不断提高;有的从方式方法上入手,以"群众喜欢不喜欢"为衡量准则,融合现代科技手段,不断推陈出新、与时俱进,实现"供需对接",适应人民群众不断增长的精神文化需求;有的从制度保障上探索,引入多元化的社会主体,实施民主管理制度,使群众拥有文化诉求的表达权、参与权、决策权、监督权,体现群众的主体地位,激发起群众的创造精神,使人民群众的基本文化权益得到保障。公共文化建设的创新,不仅仅是功能性的创新,它要体现发展为了人民,发展依靠人民,发展的成果由人民共享的宗旨,这是创新的出发点与落脚点,也是衡量创新成效的基本标准。

推动创新要以制度创新为先导。党的十八届五中全会提出:"必须把发展基点放在创新上,形成促进创新的体制架构,塑造更多依靠创新驱动、更多发挥先发优势的引领型发展"。上海创新之路给我们的又一启示,就是政府带头改革,以制度创新先行,立足基层实践,不断总结新经验、新办法,改革不适合发展的体制机制,形成政策法规制度,为创新提供良好的制度环境与政策保障,推动公共文化的社会化发展、专业化运行、数字化服务、标准化管理。上海实施的四大文化服务项目,集中体现创新的成果及实实在在的成效。

　　推动创新要以鼓励支持社会化发展作为重点。党的十八届三中全会"决定"中指出:"引入竞争机制,推动公共文化服务社会化发展。"这是满足人民群众不断增长的公共文化服务需求的必然要求,也是公共文化创新的一项重点。在上海346项公共文化建设的创新项目中,共同的特点就是渗透了公共文化服务社会化发展的内容。从创新制度看,都突出了鼓励社会化参与的要义;从这些创新项目的数量看,由社会组织独家提供的创新项目占到30%左右,还有许多是社会组织与市、区和街道(镇)公共文化机构共创共建的创新项目。社会力量的融入,改变了长期以来公共文化服务仅仅依靠政府的单一方式,调动起全社会的力量,激发出发展的活力与动力,公共文化服务整体的创新发展就带动起来,从而促进了公共文化活动空间的广泛开拓、公共文化供给内容的多元化、公共文化服务形式手段的现代化、公共文化资金的多渠道投入等。实践证明,抓住了公共文化社会化发展这一重点,打破了传统体制的壁垒,确立起由政府、企业、非营利组织以及公民共同参与的运行管理体制机制,有利于全面推动公共文化建设的创新发展,有利于加快建成现代公共文化服务体系,有利于文化民生的保障。

二、创 新 实 践

2

全面构建发展更均衡、更充分的
现代公共文化服务体系

——长宁区公共文化服务建设的创新与实践

长宁区文化局　上海格物文化发展研究院

摘　要　破解公共文化服务不均衡和不充分的问题是公共文化服务示范区建设的重要目标。长宁区坚持以人民为中心的公共文化服务导向,不断创新公共文化服务工作机制,在公共文化服务网络设施、供需对接配送机制、群众文艺创作、公共文化品牌培育、公共文化数字化建设和公共文化绩效评估机制等方面打下了坚实的基础。在文化事业与文化产业融合发展、公共文化社会化发展和优秀传统文化都市传承模式创新等方面形成了长宁区的特色。为了构建发展更均衡、更充分的现代公共文化服务体系,长宁区将通过建立均衡发展指标体系、健全立体公共文化网络、完善文化服务供给系统、探索"公共文化+"工作平台四个等方面工作,努力创建国家公共文化服务体系示范区。

关键词 均衡发展 融合发展 示范区创建

一、前 言

习近平总书记在十九大报告中强调,中国特色社会主义进入新时代,我国社会主要矛盾已经转化为人民日益增长的美好生活需要和不平衡不充分的发展之间的矛盾。并进一步指出,满足人民过上美好生活的新期待,必须提供丰富的精神食粮。因此,要完善公共文化服务体系,深入实施文化惠民工程,丰富群众性文化活动。总体上,中国现阶段的基本公共文化服务制度不完善、资源配置不均衡,此种失衡既体现在城乡、区域、群体所享有的公共文化服务的不均衡,也体现在不同类别的服务供需的不均衡。因此,立足中国基本国情,着力破解公共文化服务不平衡、不充分的问题,是当前推进公共文化服务机制创新的主要着眼点。

近年来,长宁区深入贯彻党的十八大和十八届三中、四中、五中全会精神,以学习贯彻党的十九大精神为主线,坚持以人民为中心的公共文化服务导向,围绕中央"加强现代公共文化服务体系建设"总体要求,以"打造国际精品城区"为抓手,不断创新公共文化服务工作机制,着力提升服务效能,努力建设"保基本、促均衡、明导向"的现代公共文化服务体系,特别是围绕解决长宁区公共文化服务领域发展不充分、服务不均衡的问题进行了一系列创新和实践,显著提升了人民群众对于公共文化服务的获得感,对东部地区乃至全国的公共文化服务建设均具有重要的借鉴意义。

二、基 本 情 况

长宁区位于上海市中心城区西部,区域面积 37.19 平方公里,户籍人口 58.01 万,常住人口 68.87 万,经济社会发展总体较为发达,综合实力位居中心城区前列。长宁区的主要特点:一是区位优势明显。处于沪宁、沪杭发展轴的核心区位,紧邻虹桥综合交通枢纽,是上海服务长三角的重要功能区。二是开放程度较高。拥有 28 家驻沪领事机构,超过上海总数的 1/3,居住着来自 150 多个国家和地区 6.87 万境外人士,占上海境外人口总数的 1/5 左右。外资企业数达 6 388 家。三是历史人文荟萃。拥有 4 片上海市历史文化风貌保护区、优秀历史建筑 402 幢、花园洋房 773 幢,吸收了各国的建筑风格和文化,成为上海近代海派文化的重要组成部分。四是文化机构云集。上海舞蹈学校、上海芭蕾舞团、上海国际舞蹈中心、刘海粟美术馆、上海市广播电台、上海灿星文化传媒股份有限公司等一批专业文化机构坐落长宁。在历届区委、区政府的不懈努力下,长宁区连续三次蝉联"全国文明城区"和"全国文化先进区",也是"上海市公共文化服务体系示范区"。

三、长宁区公共文化服务建设的组织与保障

（一）强化组织领导

长宁区区委、区政府领导高度重视创建工作。一是健全工作机构,成立以区长为组长、涵盖 17 个部门的"长宁区推进文化建设领导小组"。二是强化规划引领,制定《长宁区文化发展中长期规划（2008—2020）》《长宁区"十三五"文化发展专项规划》《推进长宁区文化繁荣发展的实施意见》。三是明确发展方向,2016 年区第十次党代会提出"努力成为国家公共文化服务体系示范区"目标。四是强化工作理念,组织学习《公共文化服务保障法》,增强"大文化"发展意识。

（二）加强队伍建设

队伍建设是推进公共文化服务的基础。长宁区文化部门强化学习培训,组织公共文化骨干赴新加坡交流学习,每年举办公共文化从业人员培训班,选送人员参与市公共文化培训。积极培育人才,有 21 位文化工作者被评选为区领军人才和拔尖人才,15 位全国文艺类金奖个人受到基金资助。加大支持力度,积极扶持优秀公共文化人才成立大师工作室,目前,全区已有 12 家省级以

上工艺美术大师工作室、5家国家一级演员工作室。

(三)加大财政投入

公共文化服务依赖于长效的资金投入机制。近年来,长宁区文化事业财政投入逐年增加,2016年投入3.16亿(较上一年增长18.8%),占区级财政总支出1.6%,位居全市中心城区第2名,高于中心城区平均水平。人均公共文化经费标准高于全市平均水平,2016年人均文化事业经费达459元,人均享受公共文化配送费达5.6元。加大扶持力度,设立5000万文化发展专项资金、5000万时尚创意产业资金和6490万文化发展专项基金,以政策补贴形式鼓励社会资本参与公共文化建设,发挥文化专项基金的激励作用。大力支持国家级奖项,投入1600万连续四届引入中国"荷花奖"舞剧舞蹈诗评奖。

四、长宁区公共文化服务建设的创新及成效

(一)完善公共文化服务网络设施

近年来,长宁区高度重视公共文化阵地和设施建设,突破空间资源瓶颈。一是建设重大项目。积极配合上海国际舞蹈中心、刘海粟美术馆、程十发美术馆等3个市级重大项目建设,提升长宁文化载体能级。二是新增文化设施。投资新建虹桥艺术中心,并通过建、改、扩、租等多种方式,新增公共文化设施面积13.41万平方米。2016年末,人均公共文化设施面积达0.314平方米,基本实现"十分钟公共文化服务圈"。三是完善四级网络,形成覆盖全区的由10个市级场馆、6个区级场馆、10个街镇场馆、187个居民区场馆组成的设施网络。其中,4个区级场馆被文化部评为"一级馆",1个街道图书馆被评为全国"最美图书馆",基本实现"十分钟公共文化服务圈"。

(二)实现供需精准对接配送

公共文化服务网络设施为提供优质的公共文化服务奠定了坚实的基础。长宁区不断创新创新工作机制,率先在全市建立公共文化配送招投标机制,

387家单位近800个项目纳入。建立"100+10+2"服务标准,即居民区活动室面积100平方米,涵盖10项功能,每年配备2万元经费,打通公共文化服务"最后一公里"。自2014年以来,将公共文化配送纳入区政府实事项目,实施"万千百文化四进项目",即"万场公共文化活动、万元书报杂志征订;千场公益电影放映、千次文化团队指导;百场公益演出配送、百场公共文化培训"进社区、进楼宇、进校园、进公共空间,让各行各业的群众享受文化发展成果,实现对社会主义价值观的正确引导。按市区1:4经费比例配送社区文艺指导员,每年配送1 600场次。2016年,长宁被评为上海市中心城区公共文化服务最受欢迎区。

（三）大力繁荣群众文艺创作

充分的公共文化服务建立在丰富的文化产品供给基础上,为此长宁区大力繁荣群众文化创作。依托专业机构创作,长宁沪剧团等以先进典型人物为原型,创作了沪剧《小巷总理》、现代京剧《社区仁医》等作品,引起社会巨大反响。其中《小巷总理》作为"中国梦·申城美"主题系列宣传教育活动重要内容,结合第二批党的群众路线教育实践活动,在全市巡演,弘扬主旋律,传播正能量。积极开展群文创作,多个群文团队和作品多次获得各类群众文化创作奖。开展原创作品征集,先后有85个创作大纲、100余项文艺作品及100余部微电影在社区进行巡演、巡展、巡映。

（四）着力培育公共文化品牌

公共文化服务品牌代表一个地区的公共文化服务发展的水平和影响力,长宁区高度重视公共文化服务精品建设。一是坚持打造"舞蹈"品牌,持续多年举办全国"荷花奖"舞剧舞蹈诗评奖、上海市民舞蹈大赛、"曼舞长宁"舞蹈艺术欣赏季等活动。二是持续强化"国际"品牌,举办上海国际艺术节艺术天空、世界音乐季、翁布里亚爵士音乐节、外籍人士才艺大赛、中外融情非遗体验等活动。三是深入开展"阅读"品牌,连续15年举办长宁区读书节,创新打造4D阅读体验活动,推出"城市文化微旅行"项目。坚持培育"街镇"品牌,突出

"一街一品",涌现出法华牡丹文化、江苏海派文化、仙霞睦邻文化、新泾田野文化等群众喜闻乐见的多个品牌。

（五）加强数字化建设

公共文化服务数字化是未来公共文化服务建设的方向。建成"长宁公共文化云平台",实现活动发布、线上预约等"一站式"服务。建成"公共文化配送系统",实现项目申报、评审核定等数字化运行。建成"长宁文化"微博、微信矩阵,拓展公共文化信息服务。建成长宁区全国文化信息资源共享工程数据库和公共图书馆"一卡通"全覆盖系统,公共文化服务场所实现无线网络全覆盖。2017年,长宁区被文化部指定为公共文化云平台建设上海市唯一试点区。

（六）完善绩效评估机制

居民的满意度和获得感是公共文化服务的落脚点。为了衡量公共文化服务的供给绩效,长宁区不断完善绩效评估机制。一是加大考核力度,将公共文化服务体系建设纳入长宁区国际精品城区指标体系和部门考核指标体系,每年进行督查和考核。二是开展专业评估,委托第三方专业机构对公共文化项目进行评估,2016 年公共文化配送政府实事项目市民满意度达 92.5%,区公共文化服务满意率达 97%（社建办委托第三方测评）。

五、长宁区公共文化服务建设的特色和亮点

长宁区在创建公共文化服务示范区的过程中,充分发挥本地的资源优势,并通过融合发展、社会化发展和创造性发展等方式,形成了长宁区的公共文化服务的特色和亮点,主要包括:

（一）推动文化事业与文化产业融合发展

一是打造事业与产业融合平台,成立多部门组成的时尚创意产业领导小组,实施《营造城市文化氛围三年行动计划》,打造"活力虹桥"艺术商圈等文

化地标。二是发展优势特色产业,促进文化与科技、金融等融合发展,依托区域内大学大院大企,结合文化大厦等项目建设,推动数字产业、影视服务业、会展服务业、娱乐演艺业发展。三是拓展公共文化服务阵地,整合区域内200多家文创企业为公众服务,制作《长宁文化指南》,免费开放全区上百座特色书店、艺术馆、名人故居、文创空间、公园绿地等。四是创新政企社合作方式,用政策补贴方式撬动社会资本参与公共文化建设。五是推动文化元素创造性转化,开发形成了"长宁揽胜"、"大美传奇"系列文化旅游产品。

(二)推动公共文化服务社会化发展

一是出台鼓励政策,制定了加强文化类社会组织管理培育、群众文化团队发展、文化发展专项基金管理等办法和细则。二是扶持健康发展,引导成立了枢纽型文化类社会团体。如2012年成立区文联(下辖美协、书协、舞协、音协),2013年成立区艺术博物馆协会(下辖50余家博物馆、美术馆、艺术馆)。三是引入社会化管理。鼓励全市各类文化单位参与长宁区公益性文化项目招投标。各社区文化活动中心通过搭建自荐平台,发布引进目录,吸引社会主体参与,以场地支持、共同出资、项目推广、对象招募等方式,依托专业社会力量,开设了艺术研习、中国书画等80余个合作项目。

(三)创新中华优秀传统文化都市传承模式

探索中华优秀传统文化创造性转化、创新性发展机制与路径。一是建立传承机制,建成全市唯一一家民俗文化中心,设立"区非物质文化遗产传承体验中心"和7个非遗传承人工作室,完善"八有"传承保护计划(有体系、有展示、有项目、有培训、有普及、有传人、有作品、有产品)。二是加强"文教结合",将非遗活动列为校本课程,选取14项区级非遗项目在教学机构内设立普及点,3所学校成为上海市中华优秀传统文化研习基地。三是开展国际交流合作,举办"国际传统艺术邀请展"和国际(上海)非物质文化遗产保护论坛,邀请"一带一路"沿线国家和地区非遗保护工作者交流研讨,推动中华优秀传统文化创造性转化,创新性发展。

六、推进公共文化服务均衡发展的路径和机制

根据十九大的相关精神,长宁区坚持以社会主义核心价值观为引领,坚持以人民为中心的公共文化服务导向,把人民群众获得感作为出发点和落脚点,聚焦解决公共文化服务发展不平衡、不充分问题,以建立"公共文化服务均衡发展指数"为突破,从设施建设、服务供给、机制创新和工作保障等方面着力完善,努力创建国家公共文化服务体系示范区。

(一)建立均衡发展指标体系

科学设置长宁公共文化服务优质均衡发展指标,推动公共文化发展更均衡、更充分。

1. 发布均衡发展指数。以推动各类人群均等享有公共文化服务为目标,按照年龄、职业、收入、户籍等维度划分,从文化设施、文化信息、文化服务的可及性和实际能效的角度设计评价指标,每年进行抽样调查,通过科学的统计方法形成不同人群的数据,评价公共文化服务的均衡发展水平。

2. 制定均衡发展规划。针对公共文化服务发展中存在的不平衡不充分问题,制定发展规划,从设施建设、服务供给、经费保障等方面细化工作举措,形成路线图、时间表、项目书、责任人,并纳入区政府实事项目予以落实。

3. 开展均衡发展监测。设立指数观测样本点,建立群众评价和反馈机制,开展公共文化服务第三方评估,精准把握,不断提升群众对公共文化服务的获得感和满意度。

4. 落实均衡发展责任考核。根据均衡发展指数测评结果,强化责任分工,区委、区政府对各部门工作进行考核,考评结果作为确定预算、工作奖惩的重要依据。

(二)健全立体公共文化网络

在现有四级设施布局基础上,打造横向到边、纵向到底、广覆盖、多维度、

立体式公共文化服务网络。

1. 打造"三圈两带"文化功能带。根据长宁城市空间结构,建设中山公园人文休闲文化圈、虹桥国际文化核心圈、临空外环娱乐文化圈等三个特色文化圈,建设虹桥路—延安西路文化功能带、天山路影视演艺功能带等两条特色文化带,不断丰富市民文化活动。

2. 统筹各类公共文化设施。推进长宁文化大厦、临空 1 号音乐公园等标志性文化设施建设,将青年中心、少年宫、工人文化宫等公共设施纳入大文化网络体系,新建天山、程桥社区文化活动中心,进一步提升设施的服务能级。

3. 夯实第四级服务阵地。完善居委会综合文化活动室建设和服务管理标准,探索建立"三张清单"(即居委会活动室设施设备清单、内容服务清单和工作保障清单),增强居民区公共文化资源配送和流动服务,全面提升服务功能。

（三）完善文化服务供给系统

坚持以内容为主导,通过开展优质丰富的群众性文化活动,提供多层次、多终端、多渠道、多样化的文化体验。

1. 丰富供给主体。举办长宁公共文化产品交易大会,面向全国进行公共文化内容招标、统购,增强公共文化发展动力。建立公共文化服务资源库,加大跨部门、跨行业、跨地域公共文化资源整合力度。

2. 拓宽供给渠道。探索由四级配送向立体配送延伸,深入推进公共文化服务进社区、进商区、进园区、进校园、进军营。引导和促进文化消费,完善虹桥艺术中心、临空影城等公益票制度,降低文化消费门槛。

3. 提升供给品质。着力提升"荷花奖"舞剧舞蹈诗评奖、上海市民舞蹈大赛、长宁舞蹈艺术欣赏季的影响力。持续扩大"虹桥文化之秋"艺术节(每年9—11 月,约 150 场活动,80 万人次参与)、长宁读书节、国际(上海)非遗保护论坛等品牌项目覆盖面和参与度。精心打造青年艺术家博览会,举办国际上海传统艺术展,不断满足市民文化需求,使市民对公共文化服务的满意度提高到 98%以上。

（四）探索"公共文化+"工作平台

创新机制,实现"公共文化+"产业化、社会化、数字化、区域化和国际化融合发展。

1. 建立"公共文化+"产业化平台。出台《加快建设文化强区的实施意见》,引导文化企业参与公共文化服务建设。鼓励企业设立文化服务基金,建立商圈文化服务联盟,提供更多资金和网络支撑。

2. 建立"公共文化+"社会化平台。在区级公共文化场馆推进法人治理结构改革,制定规章制度。完善社会主体参与公共文化服务激励制度,激发社会力量参与积极性。培育和壮大业余文艺团队和志愿者队伍,支持他们参与阵地运营管理服务。提高社区文化活动中心社会化、专业化管理水平。

3. 建立"公共文化+"数字化平台。开发"长宁公共文化云"二期平台,推动公共文化服务线上线下融合,力争注册用户达到 20 万(目前为 13 万)。加快图书馆等服务阵地数字化场馆建设,构建信息流畅对接的公共文化服务数字平台。

4. 建立"公共文化+"区域化平台。积极推动长三角地区公共文化服务一体化发展,计划联合上海徐汇区等共同发起,成立长三角地区国家公共文化示范区(项目)联盟,邀请区域内 30 余个国家级示范区(项目)所在城市共同加入,建立区域内公共文化交流与合作机制,通过举办论坛、活动联办等形式,促进区域公共文化服务均衡化、一体化发展,在更大范围释放长三角地区国家公共文化服务体系示范区(项目)的示范效应。

5. 建立"公共文化+"国际化平台。深化与意大利翁布里亚大区、波兰索波特市的友城文化交流合作与文化共建,持续举办肖邦国际音乐节、古北国际社区"融情四季"中外社区文化节等活动,依托本地领事馆资源的优势,推动长宁区文化走出去,传播中华优秀文化。引进国内外优秀民族民间文化团队及活动,丰富群众文化生活,借鉴国际经验。

3

基层社区文化中心助推
社会治理的探索实践
——以闵行区马桥镇为例

张来春*

摘　要　在推进基层综合性文化服务中心方面，上海走在全国前列。目前，上海已经建成228个标准化社区文化活动中心，覆盖209个街道乡镇，并在市民文化艺术活动及市民文化生活中扮演了重要角色。但随着我国新型工业化、信息化、城镇化和农业现代化进程加快，城市流动人口大幅增加，基层群众的精神文化需求呈现出多层次、多元化特点。同时，当前我国社会正面临着深层次转型。这种深刻转型带来的社会问题，呈现出多领域、多类型、突发性等特点。如何充分发挥文化的社会治理功能，破解治理困境，推动和谐社会的构建，已成为我国社会转型过程中亟待解决的重大课题。上海闵行马桥镇文化活动中心的创新与实践，正是从呼应市民基本文化需求切入，积极拓展阵地、搭建平台、创设机制，探索出了一条公共文化服务助推社会治理的创新之路。

关键词　社区文化中心　社会治理

党的十九大报告指出，我国当前社会主要矛盾已经由"人民日益增长的物质

* 张来春，上海社科院副研究员。本文得到了闵行区马桥镇文化活动中心金燕主任的资料和数据支持，特此感谢。

文化需要同落后的社会生产之间的矛盾"转化为"人民日益增长的美好生活需要和不平衡不充分的发展之间的矛盾"。同时,这种深刻转型带来的社会问题,呈现出多领域、多类型、突发性等特点已成为我国社会转型过程中亟待解决的重大课题。为了有效回应这些新需要,解决社会的新矛盾,十九大报告在加强和创新社会治理领域,提出了要加强社区治理体系建设的举措。现代社会治理是在合作机制、多元互动、综合治理的基本架构下,针对国家治理中的社会问题,以实现和维护群众权利为核心,推动社会既充满活力又和谐有序发展的过程。社会治理体系的创新,与社会、政治、经济、文化、生态领域的五位一体协同进行。

文化作为社会结构的有机组成,与社会治理具有密不可分的关系。事实上,文化与社会治理之间具有相互影响、相互渗透、相互补充的有机联系。根据塔尔科特·帕森斯的理论分析,社会治理的目的就是使社会系统及其子系统更加有效地运行。而对文化及其价值导向的认同,是社会治理问题的基本意蕴。正如兰德曼所说:"人类生活的基础不是自然的安排,而是文化形成的形式和习惯。"①"文化氛围的转换影响着人们的心态和思维定式。作为一种重要的环境因素,它间接地影响着社会体制的调控过程。"②从这个意义上看,社会治理的深层次问题其实就是文化问题。文化在每个系统中都发挥着重要的不可替代的功能,主要体现在社会价值的构建、社会矛盾及冲突的整合、社会进步与发展的导向三个方面。因此,"发挥文化引领风尚、教育人民、服务社会、推动发展的作用",以文化建设推进社会治理创新,不失为一种破解治理困境,推动和谐社会构建的有益探索。我国一些地方已经从文化治理的角度,逐步认识到了公共文化服务体系建设对破解治理困境、推动和谐社会构建的重要性。

一、马桥镇社区文化中心概况

马桥镇总面积 49.5 平方公里,位于上海市腹部,闵行区西南部,黄浦江上

---

① 米希尔·兰德曼:《哲学人类学》,彭富春泽,北京:工人出版社,1988年,第260页。

② 王沪宁:《当代中国村落家族文化—对中国社会现代化的一项探索》,上海人民出版社,1991年,第268页。

游北岸,曾两次荣获"全国最佳乡镇"称号。"健康、运动、生态、文化"是马桥镇的核心元素,农业、文化、环境、古镇等是马桥镇的独特禀赋资源。

马桥镇社区文化活动中心(以下简称"马桥文化中心"),如我国当前大多数社区文化中心,脱胎于马桥镇文化站。进入 21 世纪以后,马桥镇的城市规模和人口结构都发生了巨大变化,基层文化设施日益显露出陈旧落后,功能不足,投入匮乏,效益低下等一系列问题,已经难以适应城市文化发展的需要。2007 年 8 月,为切合时代的要求,作为马桥镇当年重大实事工程之一的文化活动中心开工建设,并于 2008 年 5 月正式投入使用。2013 年 7 月,马桥镇文体中心首次获得了"2011—2012 年度上海市群众文化先进集体"光荣称号。

目前,马桥镇社区文化活动中心集影视表演、文体娱乐、社区教育、展示、办公、会议等功能于一体,本着"服务基层百姓、培育文化新品、提升整体素质、繁荣文体事业"的宗旨,以打造马桥特色文化社区标志阵地为目标,不断完善社区文体中心的各类功能。面向群众、面向基层,满足不同年龄、不同层次的居民文化生活需求,全面实行全天候、全公益一周七天的免费开放,提高群众对社区公共文化的满意度。马桥镇社区文化活动中心积极整合全镇各类文化资源、发挥村、居委文艺骨干的作用,开展以沪剧、歌舞、诗词、小品、美术、摄影、艺术作品等各个门类的展示展演活动,使群众文化活动的内涵更丰富,内容、质量更加精致,更适合老百姓口味,有力地促进了全镇文化体育事业的健康、有序发展。

二、马桥镇社区文化中心助推
社会治理的创新与实践

马桥镇社区文化活动中心创建的初衷是为社区居民提供便捷的公共文化服务,经过近十余年的实践,马桥镇社区文化活动中心在为居民提供公共文化产品和服务的同时,也在不断进行能够呼应时代要求的新探索,正逐渐有意识地利用这一文化载体,将之作为提升居民文明素养、塑造居民核心价值观、提高社会治理水平的重要载体和辅助手段。近年来,马桥镇从呼应市民基本文

化需求切入,积极拓展阵地、搭建平台、创设机制,到今天普通居民的文化团队文化素养获得提升,溢出参与社会治理,具有基层公共文化建设助推社会治理的典型意义。

(一)创新拓展文化平台,营造社区和谐氛围

随着城市化进程的不断加快和马桥大居的平地而起,四五万新马桥人的蜂拥而入,马桥已成为传统与现代相融、原住民和新马桥人并存的一个大新社区。同时,由于城市化带来了人口、职业、地域、文化的极大异质性,居民所属同一个小区乃至同一栋楼仍会因为陌生而保持一种警惕性和距离感。为打破现代都市钢筋水泥间的"壁垒",吸引广大社区群众走出自己的独立空间,参与到社会的群体活动中,马桥镇社区文化活动中心通过整合各类公共文化设施和服务资源,积极拓展文化平台,逐渐将陌生的社区空间变成实体的"熟人朋友圈",进而不断营造出社区的和谐氛围。

1. 推进文化设施建设,提高居民的参与度与获得感

2016 年 7 月,作为政府重点工作之一的马桥景城社区文化活动中心建设按期完工并开始运行,4 900 多平米的文化新阵地为马桥百姓(尤其是大居百姓)提供了多元的服务。同时完成了敬南居委、华银坊、景城馨苑、保利雅苑等 6 个健身点、70 件健身器材的安装和同心村、金星村 2 个健身点 21 件器材的更新。随着"五违四必"区域环境综合整治工作的推进,马桥镇又腾出了大片土地和空间,按照因地制宜、整合资源、合理配置、运行有效的原则,进一步加大对马桥镇基层文体实施的建设力度,推进基层文体设施布局,实现文体设施网格化覆盖。

目前,全镇共有网球中心一个,高尔夫球场一个,文化活动室 33 个,健身点 99 个,健身器材 1 024 件、门球场 14 片、篮球场 12 个、健身步道 3 条、体育场 1 个,小型足球场 2 个。目前文化体育设施总面积近 100 万平米。为马桥百姓就近活动提供了良好的基础保障。按照规划,2017 年完成健身点 2 个,文化广场 3 个,邻里中心 2 个,健身步道 1 个;规划 2018 年实施邻里中心 3 个,乒羽中心 1 个,大居体育公园 1 个,古文化遗址公园 1 个。届时,马桥镇公共文

化设施面积将达到 115 万平米，设施种类也将更加齐全，全镇居民将享受到更加便利、均等、优质的公共文化服务，进而提高广大百姓公共文化服务的参与度、获得感。

2. 打造文化活动平台，拉近居民关系

马桥镇下辖 16 个村居委，共有文体团队 178 支，骨干队员 3 562 名；其中文化团队 50 个，队员 1 752 人；体育团队 128 个，队员 1 810 人，每个居村至少有 5 支不同类型的文体团队，最多的居委会有 10 支文体团队。178 支团队中，镇级团队 21 支，基层团队 157 支。其中马桥镇现有区级特色团队四支：马桥镇手狮舞表演队、马桥鼓乐队、马桥沪剧表演、马桥镇腰鼓队；镇级特色团队四支：马桥镇门球队、马桥镇象棋队、马桥镇合唱队、马桥镇舞蹈队，每个村居委还有自己的一村一居品牌团队。比如华银坊的编织队、元吉居委的串珠班，马桥居委的布艺班、民主村的篮球队、敬南居委的太极拳。

马桥镇的百姓舞台散发着浓郁的乡土气息。"4+4+3"活动平台贯穿全年（即 4 个群文活动平台，3 个体育活动平台、3 个民俗活动平台）。每年，马桥镇社区文化活动中心结合四季、传统、农事等主题，搭建了群文创作大舞台、百姓才艺大展台、文化交流大看台。先后举办了马桥文化周、创作节目展演、沪剧节、舞蹈节、文化天天乐巡回演出、白相太极、农耕趣味运动会等文体活动。如截止 2016 年 7 月底，共组织各类文化活动 101 场，累计参与人数 53 603 人。

政府搭台，百姓唱戏。马桥镇社区文化活动中心注重适时创新公共文化服务内容，借助上海市市民文化节、"金秋闵行"马桥镇社区文化节等平台，推出富有新意和亮点的文化活动。如马桥镇农耕运动会是结合马桥特点举办的趣味运动会。搓跳短绳、挑水抗洪、快速插秧、抛掷秧包等极具农耕特色的活动项目让很多新马桥人乐在其中，使广大居民们在运动中体验农耕劳作的乐趣，也在合作中增进了情谊，凝聚了人心，助推和谐社区的建设。马桥镇邻里节，为社区家庭搭建广阔、多元的活动平台。通过"邻里节"的才艺展示、厨艺展示、技艺展示等丰富多彩、健康有益的社区活动，引导居民走出家门，融入社区，增强居民之间互相了解、互相沟通、让居民对社区产生更多的归属感和责任感，让大家在其乐融融的氛围中，沉浸在社区邻里节之中，感受浓浓邻里情，从而建立更加和谐的社区氛围。打造一个个有文化、有温度的社区家园。

据资料显示,"十二五"期间,马桥镇社区文化活动中心共组织、承办区级、镇级展示、展演、培训等活动661场,观众273 742人;2013—2014年共举办"老年祝寿会"81场,26 108人次;五年中放映公益电影放映和广场电影5 421场,观众364 246人次。

丰富多彩的文化活动不但使马桥居民在体验参与创新活动获得了乐趣和愉悦,也显著拉近了马桥镇广大居民之间的情感距离。而居民大家的关系融洽了,如果生活中出现一些小矛盾也都会互相理解并协商解决,有效减少了社区矛盾纠纷的发生率。同时,丰富多彩的文化节庆也让人们在活动中获得熏陶和滋养,有效地促进了广大居民自身文化素质的提高,也使越来越多的居民意识到作为一个社区居民应负有的责任,从而为社区社会治理打下坚实的群众基础。

(二)推进四级配送体系,传播社会真能量

群文作品具有娱乐性、更具有教育性。马桥镇社区文化活动中心以群众需求为导向,以邻里中心和居村文化活动室为主阵地,通过突出传承传统文化、弘扬中华民族传统美德、展示当地深厚文化底蕴为主线,以建设社会主义核心价值体系为主体的多元文化为目标,有意识的引导居民将民族精神、时代精神融入群众文体活动进程中。

马桥镇社区文化活动中心为真正做到公共文化服务下沉,文化资源送到百姓家门口,配合市、区公共文体配送的三级网络体系,将公共文化服务配送延伸到居村四级网络,形成大配送大循环格局,改变"好活动只有到城里才能看得到"的局面。今年,每个村居委至少可以享受一场高雅艺术或一场东方宣教、6场广场电影、一次专业老师的辅导培训。

如2015年6月13日,马桥镇社区文化活动中心在上海市非遗保护中心、闵行区文广局、闵行区教育局等上级部门指导下,以强恕学校为活动阵地,成功举办了"非遗进校园——闵行区中小学优秀传统文化项目体验日暨2015年闵行区'文化遗产日'"主题活动。展板、展演、技艺展示、非遗专题片展映吸

引全区五百多名青少年和家长参与体验,使我国传统文化得到了有效的弘扬和传承。2017 年 11 月 8 日下午,由上海东方公共文化配送中心配送、马桥镇文体中心承办的脱口秀《家和万事兴》,在马桥文体中心小剧场演出,幽默诙谐的表演将社会主义核心价值观融入其中,让老百姓在欢声笑语中受到了一次很好的教育和宣传。一个半小时的脱口秀,由著名滑稽戏演员潘前卫独自进行。把生活中的点滴融入滑稽,演出现场笑声不绝于耳,以一个个风趣、有趣的故事,让市民们在欢声笑语的同时热爱生活、享受生活,让欢乐的心情传递生活正能量。

在市区配送的基础上,近年来马桥镇社区文化活动中心更是借力市区级创编人才,深入基层团队开展创作辅导和培训,鼓励社区团队自创、自编、自演,打磨一批以邻里和谐、小区故事、安全环保、子女教育、关爱老人、环境整治、村居自治为亮点的等反映马桥精神、社区风貌、百姓风采的原创节目。同时,以文化天天乐、老年祝寿会、村民周周会、村村巡回演为平台,满足百姓自娱自乐、自编自演、自我展示的需求。如 2017 年创作的《拆违风波》《婆媳新编》《健康是福》《反家暴三句半》等作品,贴近生活、突出热点,精品创作节目每年在全镇进行巡演,受到了百姓的喜爱和好评。

2017 年上半年,马桥镇社区文化活动中心共配送各类文艺演出、公益讲座和文化培训 23 场,把公共文化服务延伸到居村委,打通了公共文化服务最后一公里,做实了公共文化服务四级资源配送,实现了把文化大餐送到百姓身边的目标。时对于提高社区百姓的思想觉悟、精神文明素质、鼓舞和教育百姓起到了"润物细无声"的作用,为构建马桥和谐社区和推进两个文明建设做出积极的推动作用。

(三) 创设文化服务机制,提升居民社会自治能力

2016 年马桥镇率先制定完成《关于加强党建引领下的基层公共文化服务的实施方案》(以下简称《方案》)。明确了基层公共文化服务的工作目标、基本原则、主要任务及保障措施。马桥镇成立了以镇党委书记为组长,镇长为常务副组长,各职能部门主要负责人和居村委书记为成员的领导小组,并细化了

《马桥镇党建引领下的基层公共文化服务任务表》《保障措施》《绩效考核指标体系》。镇党委以红头文件的形式下发到了各职能部门和居委村。这是近年来马桥镇第一份比较全面的关于文化建设的文件,对全镇开展文化工作具有指导性、纲领性作用。在《方案》等制度保障下,马桥镇社区文化活动中心积极创新基层公共服务机制和服务平台,促进社区居民建立自我服务、自我管理。

1. 创新文体团队治理新模式

社区文化体育团队是社区精神文明建设的重要基础,发展和建设社区文化体育团队也是构建和谐社会的必然要求。近年来,马桥镇社区文化活动中心在加强社区文体团队建设和管理方面做了一些有益的探索。

首先,文体团队+纽带建设。《马桥镇党建引领下的公共文化服务实施方案》中对村居组织开展活动的平台和数量进行了量化,这就要求村居委自身也要自主、自动、自创地组织和开展专属自己的文体活动。要充分发挥《方案》的杠杆作用,充分发挥村居委的主体作用,为基层团队搭建广阔、多元的活动平台。利用村居委自身的文化活动室、文化广场、门球场、篮球场等设施,组织开展丰富多彩、健康有益的文化活动。让更多的居民走出家门。要鼓励镇村联动、村居互动的文体交流模式,激发群众参与的积极性。充分发挥团队的纽带作用,加强居民之间的互相了解、互相沟通、互帮互助,对社区产生更多的归属感和责任感。从而建立更加和谐的社区氛围。打造有文化、有温度的社区家园。

其次,文体团队+骨干引领。在邻里中心成立了自治理事会,元吉居委书记担任理事会会长、三个村居委的团队骨干、文化志愿者担任理事会会员。邻里中心每月课程安排、活动安排、教室安排都有理事会成员讨论决定,"从下而上"申请各类服务,有针对性地开展各项文化活动,文化活动"有序、健康、快乐"。邻里中心是基层团队自我展示的舞台,也让基层百姓在享受自己的文化成果的同时,提升文化素养,增强文化认同,凝聚文化共识。同时要进一步发挥党员骨干、团队骨干的育人作用,在百姓充分参与、充分享受的过程中,引导百姓讲身边的人、演身边的事、唱身边的景,用优秀的作品教育人、影响人、鼓舞人,让社区百姓在公共文化服务中实现自我管理,自我教育、自我监督,弘扬社区正能量，从而营造更加和谐、健康、阳光的社区氛围。

第三，文体团队+民生课堂。进一步健全文化志愿者、居民讲师团等以文体骨干为主体的文化员宣传队伍，完善队伍培训和学习制度，实现组织意志和团队意志贯通，社区管理和社区团队共治。由社区学校和文体中心牵头，收集整理党委、政府、各职能部门以及社区的热点问题、民生问题，汇编成每月一本宣传手册，并通过百姓喜闻乐见的宣传形式，在村民周周会、老年祝寿会、村村巡回演等平台上开展论坛、讨论、故事表演等宣教活动，用团队骨干的力量去解决社区问题，化解基层矛盾，打造文化小课堂，助推社区共治，居民自治。

2. 倡导"民办官助"办节新机制

倡导"民办官助"办节新机制，即推动政府主导办节向社会主体自发办节转变。重点对象为政府主导力量以外的社会组织，形成文化领域"民办官助"社会参与机制。使社会主体参与办节常态化，使市民个体参与文化活动常态化；激发社会主体参与的积极性，激活市民个体参与的自主性；积极推动基层文化治理创新，为社区文化活动中心社会化、专业化管理提供强大的内容支撑。

3. 探索社会化文化服务合作模式

如2017年上半年，在推广沪剧、舞蹈、全民健身气功的过程中，积极引进优秀的第三方团队，加强合作交流、加强资源共享，将优质的教师资源送到每个居村委文化活动室，让更多的百姓共享文化成果。尤其是全民气功这一推广项目，打造了"晨练中华武术"、"午间中华武术半小时"、"周末中华武术半天行"的培训形式，以现场教学、网络课程等多种形式进行普及，每周开展3次以上中华武术"六进"活动（进机关、进社区、进村居、进企业、进学校、进园区），积极宣传推广中华武术，激发居民习练中华武术的兴趣。通过各种推广活动，提升文体团队氛围，激发全民文化活力，引导群众陶冶情操、修身养性，培育和形成社会主义核心价值观。

三、后记：从重"文"到重"化"仍需创新

中宣部思想政治工作研究所调研一部主任范希春曾指出："通过文化来助

推社会治理是目前经济投入最小,易发震荡最小,反弹力度最弱,社会成本最低,效率最持久的一种选择。"一些地方政府在公共文化服务体系建设过程中,已经有意识地利用这一文化载体,将之作为提升民族文明素养、塑造核心价值观、提高社会治理水平的重要载体和辅助手段。

然而,虽然以基层公共文化为抓手,推动社会治理在闵行马桥镇乃至上海浦江两岸已效果初现,但公共文化助推社会治理是一个长久的过程。放眼全国,仍有一些地方对公共文化服务体系建设的重大意义理解肤浅、片面。认为公共文化服务就是"唱唱跳跳"图个热闹,仍停留在就文化办文化、送文化的阶段,满足于组织老百姓唱唱跳跳、热热闹闹。而且,部分干部在思想认识上重视"以文化人",但在具体实践中不善抓、不会管,缺乏内容建设。尤其是对如何落实核心价值观缺乏思路,如何在落实、落小、落细社会主义核心价值观上思考不够,研究不够,探索不够。

因此,基层公共文化建设从重"文"到重"化"仍需进一步制度和机制创新。从这个角度来看,闵行马桥镇社区文化活动中心在公共文化助推社会治理的探索实践尤为值得我们重视和进一步去深入研究。

4

"文化上海云"创新公共文化服务与管理

钱泽红*

摘 要 近年来,上海市推动公共文化与科技、信息等领域融合发展,已经取得显著成效。2016年3月,"文化上海云"正式上线,上海市民通过手机、移动终端和电脑,可以不受时间和地域的限制,只需在门户平台上点击相应服务模块,就能享受便捷的公共文化服务。"文化上海云"是全国第一个实现省级区域全覆盖的公共文化数字化平台,不仅提供了公共文化服务的新方式,更对完善公共文化管理提供了新的途径和技术手段。

关键词 文化上海云 公共文化 数字化

一、上海市积极推进公共数字文化建设

当代社会,科学技术迅猛发展,互联网正在改变着人们的思维方式、工作方式和生活习惯;大数据为提高公共服务能力,完善社会治理开辟了新的途径;新媒体拓展了信息传播的方式。信息技术、数字网络技术已经广泛应用于社会生活的方方面面,公共文化领域也不例外。公共数字文化作为现代公共文化服务体系建设的重要组成部分,是互联网环境下公共文化服务的新平台、新空间和新载体,是利用现代科技拓展公共文化服务能力和传播范围的重要途径。在信息化、网络化的背景下,充分发挥现代科技成果在公共文化建设中

---

* 钱泽红,上海社会科学院文学研究所助理研究员,主要从事公共文化、城市文化研究。

的作用,不仅是现代公共文化服务体系建设的时代任务,也是公共文化服务的时代特色。加强公共数字文化建设,有利于促进公共文化服务均衡发展,有利于丰富公共文化产品供给,有利于提高公共文化设施的服务效能,有利于完善公共文化的科学管理。

2017年3月1日起实施的《中华人民共和国公共文化服务保障法》(以下简称《公共文化服务保障法》)第十一条规定:"国家鼓励和支持发挥科技在公共文化服务中的作用,推动运用现代信息技术和传播技术,提高公众的科学素养和公共文化服务水平。"①现代信息技术是用于管理和处理信息所采用的各种技术的总称;现代传播技术是指依托全媒体、互联网,对信息进行高效、快速、安全、有序传播的技术。现代信息技术和传播技术应用于公共文化服务,主要任务是推进公共文化服务数字化建设和现代传播能力建设。2006年以来,我国的公共数字文化服务体系和现代传播体系建设以基层和农村为重点,统筹实施了国家重大数字公共文化工程,在较短的时间内实现了飞跃式发展。《公共文化服务保障法》第十一条实际上将国家长期以来在公共文化服务体系建设中贯彻的方针政策上升为法律规范。

《公共文化服务保障法》第三十三条对公共数字文化建设提出了具体的要求:"国家统筹规划公共数字文化建设,构建标准统一、互联互通的公共数字文化服务网络,建设公共文化信息资源库,实现基层网络服务共建共享。国家支持开发数字文化产品,推动利用宽带互联网、移动互联网、广播电视网和卫星网络提供公共文化服务。地方各级人民政府应当加强基层公共文化设施的数字化和网络建设,提高数字化和网络服务能力。"②本条所谓"加强基层公共文化设施的数字化和网络建设"涵盖了包括面向管理的信息化建设、面向服务的数字和网络能力提升、实体数字体验空间建设三个方面。对照《公共文化服务

---

① 《中华人民共和国公共文化服务保障法》,2016年12月25日第十二届全国人民代表大会长物委员会第二十五次会议通过,2016年12月25日中华人民共和国主席令第六十号公布,自2017年3月1日起施行。

② 《中华人民共和国公共文化服务保障法》,2016年12月25日第十二届全国人民代表大会长物委员会第二十五次会议通过,2016年12月25日中华人民共和国主席令第六十号公布,自2017年3月1日起施行。

保障法》中的上述规定，上海市的公共数字文化建设业已走在全国前列。

上海市推动公共文化与科技、信息等领域融合发展，早在2009年，全市就已经完成了有线电视"村村通"、"户户通"工程，比全国基本实现20户以上自然村全覆盖提前了6年。2009年7月，国家科技部、国家广电总局和上海市政府签订合作协议，宣布中国"下一代广播电视网"（NGB）建设在上海率先启动，该网具有高带宽、强互动的特点，大大提高了有线电视节目的数量和收看质量，促进了有线电视网络的数字化应用，深化了公共文化服务数字化和信息化发展。截至2015年11月，上海共完成624万有线电视用户NGB网络改造，实现了基本覆盖中心城区和郊区城镇化地区。

2012年，根据国家对数字图书馆的技术要求，上海市全面完成包括网络与安全建设、自动化系统扩充、存储扩充等市、区两级数字图书馆硬件升级配置。上海结合全国文化信息资源共享工程、国家数字图书馆建设工程、县级数字图书馆推广计划三大"文化惠民"项目，与全市中心图书馆通过互联网实现了有效链接，与市、区、街道公共图书馆开通知识导航、数据查询服务，还将文献信息、数字资源、展览讲座、网络服务等功能融为一体，逐步形成了主题资源库群，实现了更加现代化的文化信息服务。

上海市努力提高公共文化服务科技创新能力，按照建设智慧型城市的要求加快数字博物馆、美术馆建设，着手打造上海数字博物馆群，以全市现有博物馆、美术馆为基础，加大数字文化资源开发，开展对现有博物馆资源的数字化整合，推进市群艺馆等重点公共文化机构数字化建设进程，搭建基础信息齐全，使用快捷便利，服务功能强大的数字博物馆网络平台，提升公共文化服务的现代传播能力。

为提高上海市民对公共文化服务信息的知晓率，上海市开始建设公共文化服务信息发布渠道，如制作网络版文化地图，开发手机APP应用，开设微信、微博，充分利用东方社区信息苑专网、社区数字家园网等信息窗口，发布公共文化服务信息。2012年2月14日，社区文化活动中心中央信息管理系统正式上线，实现了对全市社区文化活动中心的全覆盖，这套系统是全国首个基层公共文化服务设施管理系统，包括日常业务管理系统、互联网平台、活动人群信息管理系统三大板块,该系统成为上海市公共文化设施数据统计的主要来源之一。

2012 年 4 月,中华人民共和国文化部、财政部下发《关于进一步加强公共数字文化建设的指导意见》(以下简称《指导意见》),要求各省、自治区、直辖市积极探索现代公共文化服务的新方式。上海市按照《指导意见》的要求,决定建设"文化上海云"。

二、"文化上海云"的建设及服务特色

2012 年底,上海市文广局与上海社会科学院、上海创图网络科技发展有限公司合作,开展公共文化数字化服务调研及相关技术研究工作,先后完成了《上海数字公共文化服务体系建设调研报告》和《国内外公共数字文化服务相关情况研究报告》,提出了建设上海城市公共文化云的构想,并在嘉定区首先开展试点工作。在广泛调研的基础上,上海市明确了"文化上海云"的建设内容和功能:"根据云技术整合分散的文化资源,实现集约利用的理念,借助网络信息新技术促进公共文化服务的便利性,通过建设公共文化基础信息资源库,整合全市主要文化资源,汇集各类文化信息,实现文化资源的数字化、网络化推送、展示的功能。"①

2014 年,上海市嘉定区、闵行区和闸北区首先在全市推出了"云"平台,"文化嘉定云"、"文趣闵行"、"闸北智文化"相继上线投入使用。"文化嘉定云"重点开发了区、镇两级文化场馆的预订和文化活动网上预约领票系统,平台上线一年,共收录各类演出、展览、讲座资源近 300 场,访问量超过 18 万人次。"文趣闵行"网罗了全区近 600 个文化场馆的信息,汇集了全区近 1 200 支文化团队信息,基本涵盖了闵行地区文化事业动态信息、文化活动的预告及跟踪报道,被闵行市民称为"贴身的文化管家"。"闸北智文化"投入试运行以

---

① 上海市公共文化服务工作协调小组办公室、上海市社会科学院文学研究所发布:《2014 年公共文化服务发展报告》,2015 年 4 月,第 7 页。

后,完成了与平台建设相配套的首期 10 万户家庭云服务配送项目,2014 年平台用户达 8 万人,共开展线上活动 37 场,受益人次超过 3 万。①

2015 年,"文化上海云"采用"一个总平台+若干个子平台"的建设模式,按照"统一规划,分头推进,独立运营,系统整合"的原则,根据《关于推进文化上海云平台建设的通知》要求,将建设任务分解到各个市级文化场馆和区县,落实经费保障和责任主体,明确了云平台的建设标准和建设时间表,当年实现了嘉定、浦东、静安、徐汇、长宁、闵行、金山、松江、崇明、宝山、普陀等 11 个区县子平台的上线运营。

2015 年 1 月 14 日,中共中央办公厅、国务院办公厅印发《关于加快构建现代公共文化服务体系的意见》(以下简称《意见》),提出了新时期推进公共文化服务与科技融合发展的三大任务:一是加大文化科技创新力度,研究制定公共文化服务领域科技标准规范,开展文化专用装备、软件、系统的研发应用,加强科技成果应用转化。二是加快推进公共文化服务数字化建设,提升公共文化机构数字化建设水平,统筹实施国家重大数字文化工程,构建标准统一、互联互通的公共数字文化服务网络,在基层实现共建共享。提高资源供给能力,建设资源库群,开发特色数字文化产品,加强公共文化大数据采集、存储和分析处理,实现"一站式"服务。三是提升公共文化服务现代传播能力,拓宽公共文化资源传输渠道,大力推进"三网融合",促进新媒体、新业态发展。《意见》中提出的上述三大任务,成为建设"文化上海云"的指导原则。

2016 年 3 月 26 日,"文化上海云"正式上线,成为全国第一个实现省级区域全覆盖的公共文化数字化服务平台。"文化上海云"综合运用云计算、云存储等技术,整合全市公共文化资源,将市、区(县)、街镇三个层级的公共文化服务信息纳入一个总的门户平台,为广大市民提供"一站式"公共文化信息服务。一年多来,这个云平台已经形成了包含信息公告、活动预约、场馆预订、空间展示、社团风采、竞赛互动、文物鉴赏、文艺培训、大数据分析等 9 大功能,覆盖了

---

① 数据来源:上海市公共文化服务工作协调小组办公室、上海市社会科学院文学研究所发布:《2014 年公共文化服务发展报告》,2015 年 4 月,第 7—8 页。

市、区县和街道乡镇 500 多个文化馆、图书馆、展览馆、美术馆和社区文化活动中心,平均每月为市民推送 1 万多场文化活动信息,累积活跃用户近百万。"文化上海云"提供了公共文化服务的新方式,建成并投入使用后,主要体现了两个方面的服务特色:

(一)方便市民参与和享受公共文化

"文化上海云"的原则是"建市民需要的东西"。项目组在调研中发现,上海市民受到时间和空间的局限,不了解公共文化的相关信息,不知道如何买票、如何预约相关文化服务,缺乏文化社交的机会和条件,更缺少评价文化产品和服务质量的渠道,导致市民的文化知情权、参与权、社交权和评价权都无法得到有效保障。"文化上海云"上线以后,上海市民通过手机 APP、微信公众号或网站,就可以对全市的文化活动一目了然,更可以不受时间和地域的限制,只需在门户平台上点击相应服务模块,就能享受便捷的文化服务,包括了解上海文化信息,参加社区艺术教育、培训、课程的在线辅导,关注自己喜欢的文化团队动态,对参加的活动进行点评等。"文化上海云"的一大重要功能是开放了全市的公共文化场馆——将公共文化场馆放到网上,供市民和文化团队自主注册,预约使用,最大限度地降低了市民组建文化团队的门槛,进而培育了大批民间的文艺团队,带动了群众文化的创造力和活力。

"文化上海云"运用现代科技和传播手段,改进了公共文化服务方式,受到市民的欢迎。例如"文化嘉定云"上线不到一年,每天的访问量就突破了 79 万人次,公共文化活动平均上座率突破 84%,场所设施利用率超过 90%,参与公共文化活动的人群结构随之发生了巨大变化,改变了过去以中老年市民为主要服务对象的状况,年轻人的参与度从不到 20% 迅速提升到 48%。在"文化上海云"平台上,市民通过"我要知道"了解身边的文化设施和文化活动信息;通过"我要参与"预约文化活动和文化场馆;通过"我要互动"与志趣相投的用户进行交流和分享;通过"我要评论"对公共文化活动及场馆设施进行评价,提出意见和建议,促进公共文化项目提高服务品质。通过上述四个"我要","文化上海云"对接了市民的文化需求,使公众不仅是公共文化的享受者,更成为公共文化的创造者和监督者。

（二）凝聚更多对的社会资源共同参与公共文化服务

"文化上海云"项目以"政府补贴，企业建设，市场运作，公共服务"的模式进行建设。"文化上海云"的技术支持来自上海创图网络科技发展有限公司（以下简称"创图公司"），该公司是中国数字文化建设及运营领域的领军企业，主要为文化场馆、文化机构、大型企业提供场馆数字化、信息化展示及互联网平台运营服务。创图公司自筹资金建设"文化上海云"平台，并完成平台的日常营运、维护、升级改造、信息服务等方面的研发和技术支持，上海市文广局在平台运营管理中发挥政策导向作用和宏观指导职能。

截至 2016 年底，上海市的公共文化基础设施包括博物馆 126 家，公共图书馆 238 家，区级文化馆 24 个，标准化社区文化活动中心 226 个，居村委会综合文化活动室 5 245 个，农家书屋 1 514 个。[①] 在数字化、信息化时代，上海市的基层公共文化机构纷纷建立自己的网站，为市民提供在线服务，这些文化机构与上海市的体育场（馆）、剧场、剧院及演艺团体共同为"文化上海云"提供公共文化产品、服务的内容供给。而"文化上海云"作为一个专业平台，将海量的、分散的文化资源、信息、产品和服务汇聚起来，提升了公共文化服务的效能。"文化上海云"激发了越来越多的社会力量通过"云端"开发优质的文化产品和服务，既弥补了各区（县）公共文化设施和文化资源分布不均衡的状况，又实现了公共文化促进文化消费的目标。

三、"文化上海云"创新公共文化管理

"文化上海云"对完善公共文化管理提供了新的途径和技术手段。上海市推动公共文化与科技、信息等领域融合发展，已经取得显著成效。但是，上海

---

① 数据来源：上海市公共文化服务工作协调小组发布：《2016 年上海公共文化服务发展报告》，2017 年 4 月，第 2 页。

公共文化服务还存在一些长期未能解决的短板问题,主要包括:

第一,公共文化服务供给与需求之间存在结构性矛盾。在公共文化服务领域,"信息不对称"的错位现象一直存在。本市居民的文化需求日益呈现出多样化、个性化的特点,但政府主导的文化产品生产却仍然延续着单一化、刚性化的特点。一方面,政府文化部门投入大量资金和资源,但一些中心城区的文化场馆和活动仍然处于"超载"状态,同时,却有大批公共文化设施和服务未得到有效利用,存在"活动知晓率低,活动场馆利用率低,活动参与率低"的问题;另一方面,公共文化服务产品和服务"供不应需"和"供非所需"的问题并存,总有市民抱怨不知道哪里有文化活动,总有文化机构抱怨活动人气不足,文化服务不对市民胃口。在公共文化领域,这种结构性的"错位",造成了经费和公共资源的浪费,更难以让人民群众满意。

第二,公共文化决策管理的科学化程度仍有待提高。从全国范围看,各地政府在构建公共文化服务体系的决策和管理中,不约而同体现出"重硬件、轻软件"的特点,上海市也不例外。"重硬件",有利于加快文化基础设施网络建设,并迅速取得成绩;"轻软件",导致公共文化服务制度、机制滞后,制约了公共文化服务体系的有效运行。近年来,上海市文化主管部门率先提出一系列公共文化管理的创新举措,在全国引起较大反响,但是,管理的创新不仅需要先行先试的勇气和胆量,更要依靠科学化的手段和必要的技术支持。

第三,对公共文化设施的评估和监督一直存在技术障碍。上海市是国内最早对社区文化活动中心进行绩效评估的城市,经过十年的探索,已经形成一套切实可行的评估指标体系。根据评估指标体系,评估对象需要提供关于服务项目、服务人次等相关数据,同时按照评估工作的要求,还需要通过问卷形式测量社区居民对社区文化活动中心的知晓率和满意度。由于评估结果与社区文化活动中心定级相挂钩,一些评估对象为了获得满意的结果,存在拼凑材料甚至虚报数据的现象;对满意度和知晓率的问卷调查,也因为各种偶然因素的存在,影响到数据的准确性。技术条件的限制,对评估结果的权威性存在一定程度的干扰。

上述问题,在公共文化数字化平台建成之后,通过大数据分析,都可以获得有效的解决途径。"文化上海云"凭借强大的整合效应,不仅是文化的大舞台,更形成了一个文化的"大市场"。由于所有的文化产品和服务都被"晒"到网上,服务的数量、质量一目了然,哪些活动最受市民欢迎,哪些时段是文化活动高峰,哪些地段的场馆人气最旺,某种活动最吸引哪类人群,这些不断变化、实时更新的文化信息,构成了真实可靠的公共文化大数据。这些数据,具有体量巨大,种类繁多,数据处理速度快的特点,通过对公共文化大数据的分析,可以更加精确地了解上海市公共文化服务的实际状况,可以更清晰、快捷地了解市民真实的文化需求,进而提供更受市民欢迎的文化产品和服务,促进公共文化服务机构与人民群众之间的有效互动,缓解供需双方信息不对称造成的错位。公共文化大数据还可以为文化管理部门提供更好的决策支撑,帮助文化主管部门提高管理的科学性和针对性,从而保证公共资源投入公共文化服务的实际效益。依托数字化平台,不仅有助于推动公共文化服务的转型升级,更有助于本市文化主管部门创新管理机制,加强对公共文化机构的科学监管。利用数字化平台,完善公共文化管理,可以从以下几个方面入手:

第一,运用数字化平台,实现公共文化供需的精准对接。"文化上海云"已经成为公共文化服务供给和需求之间的桥梁。市民通过云平台,可以迅速了解公共文化活动和场馆的信息,并且通过手机完成预约和预订;政府部门通过平台的数据信息,可以迅速掌握文化活动的上座率、文化场馆的使用率,分析市民文化需求的特点和变化趋势,提供更受群众欢迎的精细化服务,实现公共文化供给和需求的精准对接,逐步建立公共文化服务的需求导向机制。

第二,对公共文化大数据进行研究,提高文化决策的科学性。上海公共文化服务体系建设,要想在全国保持领先地位,仅有公共文化的数字化平台是不够的,还需要对平台数据进行科学的分析和研究,加强对数据的开发和利用。上海文化主管部门可以采取委托课题或定向课题的方式,鼓励本市高校和科研单位组织力量开展相关研究,开发公共文化大数据分析软件,通过对用户特征数据(用户性别、年龄、文化兴趣标签分布等)、用户评价数据(用户对活动场馆、活动内容及服务的满意度等)、文化供给数据(包括在线活动数量、活动订单数量、活动场馆场次数量、场馆订单数量等)、各类活动的订票率对比、各区县文化活动供应量对比、文化场所服务辐射等数据的分析,获得对公共文化制度设计具有重要参考价值的信息,逐步建立公共文化服务决策咨询大数据系统,改变以往粗放的管理模式,提高公共文化管理的科学化水平。

第三,运用数字化平台的可靠数据,完善对公共文化机构的评估。在"文化上海云"数字化平台上,各社区文化活动中心文化活动的数量、活动人次、场地使用情况、市民的知晓率、满意度等数据,都可以得到客观和真实的记录。建议上海市文化主管部门做好"文化上海云"平台运营方和社区文化活动中心绩效评估小组的协调工作,试点将"文化上海云"积累的后台数据,提供给评估方,作为评估体系中标准化的客观指标的数据来源,以保证绩效评估的规范性和客观性。

第四,积极应对大数据时代的挑战,培育新型公共文化人才队伍。当前公共文化机构的从业人员,多集中在图书馆、群文创作和演出等领域,这些基层公共文化工作者,普遍缺乏大数据时代要求的数据分析能力,难以适应"互联网+"时代对公共文化领域的新要求。今后上海市文化主管部门可考虑依托原有"公共文化万人培训计划",开展公共文化人才队伍相关培训,引导基层公共文化服务单位在做好常规服务的同时,培育互联网思维,树立大数据意识,充分利用国家发展大数据和"互联网+"的有利契机,更新公共文化人才队伍的知识结构,推动专业人才与大数据、"互联网+"的对接,利用大数据技术和互联网平台,积极扩大服务范围,拓展服务方式。

第五,加强数据安全意识,抓紧制定相关规范。"上海文化云"作为数字化平台,积累了大量实名制的用户信息,这些信息具有价值密度低,商业价值高的特点。政府文化部门不仅要利用好这些信息,更要保护好这些信息,防止用户信息被非法获取和使用。上海市应尽快制定公共文化领域的数据安全和个人数据隐私保护规则,提高公众数据安全风险防范意识,建立"公共文化服务数据安全框架",研究因大数据开放利用而产生的潜在安全风险,加大力度保护公共文化数据的知识产权。同时,上海市还应推进公共文化服务领域大数据标准体系建设,尽快制定涉及数据采集、数据开放、数据安全等方面的相关标准和应用规范。

5

百合书院的公共文化空间

——一间灵动的传统文化"体验馆"

胡　鑫*

摘　要　2016 年 11 月注册成立的上海市嘉定百合书苑文化艺术推广中心,以传统文化为基石,通过组建在书法篆刻、古琴插花、诵读国学、音乐文学等各个领域有影响力的公益大使团队,拓展规划百合公益书房、静朴公益琴房和文化传习教室等公共文化空间,举办系列文化展览、开展公益文化大讲堂、组织系列文化雅集、承接公益活动项目等形式传承古籀文化,并通过开展读书会、清心茶会、古琴研修、文化之旅、各类文化手工体验活动等众筹活动,满足当地百姓的多元文化诉求,将百合书院打造成了一间灵动的传统文化与现代文明相结合的"体验馆",社会效益显著。

关键词　百合书院　公共文化空间　传统文化　嘉定区

位于嘉定区东下塘街 53 号的百合书院,是一处由海派书法大家王伟平先生亲自书写挂牌,是由上海市嘉定百合书苑文化艺术推广中心全程策划、设计、改建、运营及维护的一处以传统文化为主题的、面向广大群众免费开放的公共文化空间。作为一家以传播和普及传统文化艺术为己任,热衷社会公益的民办非企业组织,上海市嘉定百合书苑文化艺术推广中心(以下简称百合文化中心)拥有一支在各文化艺术领域有一定社会影响力的专家学者作为艺术

---

*　胡鑫,上海市嘉定百合书苑文化艺术推广中心负责人。

顾问,拥有一支年轻的、热爱传统文化的 80 后、90 后公益团队,并鉴于文化来源于人,也服务于人,百合书苑以人为本、以传统文化为基石,希望把最纯粹的文化和精神导向延续到每一处生活细节中,汇通古今、中西文化,通过搭建一个以文化回归为引导,热爱公益、行于公益的文化交流平台,将茶艺、诵读、海派插花、色空鼓、古琴、传统手工艺、书法国画等传统文化内容,以演出、培训、展览、雅集、活动体验为形式,输送到各类社会团体、社区、园区、残联、养老院、学校、军营等各个社会角落,通过每场文化活动的执行与社会大众一起营造一个"尊重、平等、仁爱、互助"的社会文化环境,发展出更具时代意义和与时俱进的文化效应,逐步完善自己的公益文化方向,扩大了社会影响力,取得了良好的社会效益。

一、组建百合公益大使团队,扩大公益影响力

为更好地发挥公共文化空间的使用效力,百合书苑自 2016 年 7 月 11 日注册成立以来,通过文化资源整合,以公益精神为号召、文化艺术活动交流为载体,建立了一支在书法篆刻、古琴插花、诵读国学、音乐文学等各个领域有影响力的公益大使团队,他们的公益付出,为百合书院的公益文化事业提供了最大的师资保证。自成立以来,借助公益大使团队,百合书院开展了一系列传统文化进园区、进社区的活动,通过体验课、培训课、文化讲座的形式将传统文化送进各个园区、社区。其中,外冈群团服务站"百合课堂"项目、嘉定区工业区"午间一小时"系列活动、马路镇"文化进社区"项目,取得了较高的社会影响力,深受群众欢迎。

二、建立百合书院,打造新式公共文化空间

在快餐文化盛行的今天,许多优秀的传统文化的传承越发艰难,另一方面,文化艺术的传承需要更多具象的方式。百合文化中心团队认为,不是传统文化的内容不好,而是越来越多的人,越来越没有合适的机遇、合宜的方式认

识到那些真正的、经典的、美好的传统文化。为此，百合书苑自成立以来，重点打造位于嘉定区舟桥老街的徽派院落"百合书院"，作为一个极具特色的公共空间，书院为传统文化招徕更多的"观光客"。借用法华塔边、练祁河畔的一座300平的徽派老院子，公益团队将传统文化中的书法、国画、茶艺、香道、海派插花、传统手工、中国文学、中式家具、地方特色非遗文化等文化元素糅合在这粉墙黛瓦里，使这些古老的文化艺术在爬山虎的藤蔓里，焕发新的魅力。精致典雅的文化展示、加上本身处于州桥景区的地理优势，百合书院一年承接了上万游客的参观接待，甚至无心插柳的成为2017年上海市电视台评选出的"花香艺境"活动的最佳人气单位，为广大民众提供一个中式雅致生活的概念。

除了日常的参观，百合书院还规划了一些公共功能文化空间，扩大了"观光客"们的"观光"频次。

（一）百合公益书房

2016年9月，百合书院开启"百合书香　公益书房"项目。通过角落书屋的搭建、2 000多本图书的引入、汇书房平台的共同推广，为广大民众提供线上免费借阅服务的同时，还能提供线下公共阅读空间，书房开放时间为每日10：00—17：00。

（二）静朴公益琴房

2017年2月，百合书院通过文化空间改造，文化资源引进，在非遗项目传承人田雨的指导下，完成静朴公益琴房项目。该琴房可同时为7位古琴练习者提供免费练琴服务，琴房开放时间为每日10：00—22：00，节假日不休。

（三）文化传习教室

2017年8月，百合书院完成了2个小型公共文化空间的改造，定位于"传统文化传习教室"，该教室可用于4—10人的文化活动开展，群众可免费申请使用。教室开放时间为工作日的10：00—22：00。

三、成立"古嚚文化传承研习小组"，致力古嚚文化的精彩传承

百合书苑立足嘉定，深刻秉承"教化之城，礼乐嘉定"的文化梦想，并成立"古嚚文化传承研习小组"，致力于民族传统文化、嘉定历史文化的创新传承。2016年7月以来，除了日常的民众参观接待，百合书院更将空间与活动运营相结合，通过文化活动的运营，将公共文化的"展示"生动化，"推广"形象化，"游客"粉丝化。

（一）举办系列文化展览

有别于传统公共文化空间，百合书院更加注重文化内容的推广，作为一个文化空间，百合书院充分利用空间资源优势，吸引优秀的文化形式和内容、先后开展了一系列书法、国画、木刻、版画、医药文化等文化展览，如：2016年10月1日至7日，百合书院开展了为期7天的"至真仁和 千年汉方"中医药文化互动展。此次展览有幸邀请到中医名家殷克华医生作为展览的文化艺术指导，展览不仅展示了各类药材、中医理论，还细心演示了中医医诊的过程，配方、解读、望闻问切，并现场指导参展人员动手研习药材的删选、中药配方的搭配，香囊的制作等，通过静态展示与动态体验的方式，将传统中医文化带进更多的人生活里。还有2016年11月5日，百合书院"娴趣花鸟"非艺术空间书画展在上海翼树文化平台的几位艺术家支持下拉开帷幕。此次展览展出的三十多幅花鸟作品以"趣味"与"娴雅"为主要表现目的。百合书院坚持艺术生活的理念，让艺术不仅存在于高级展馆，亦走入中国的千家万户，为有艺术需求的用户提供更多的鉴赏场所，让用户在寻常生活中享受到艺术的氛围。此次活动持续30天，取得了广泛影响。

（二）开展公益文化大讲堂

公益大讲堂是百合书院的自主特色项目，大讲堂以公益的形式传播传统

文化,已通过邀请在书法国画、篆刻雕塑、文学艺术,或者教育培训等领域有突出贡献的艺术家、学者,文化推广人,品牌创始人近三十多位,开展相关文化艺术分享讲座。通过这样的形式,走进百姓中间,深挖社会文化价值,同时他们也成为百合公益文化的推广大使,为传统文化复兴、社会繁荣稳定、民众精神文明建设,尽自己一份力。百合书苑的公益讲堂开展至今,每周一期面向社会的公益文化课堂吸引了越来越多的文化粉丝。在课程形式上,通过课件讲解、教材学习、现场分享、现场互动等丰富的授课形式,让在座的听众享受多层次的课程。公益讲堂开展的过程,重视内容的输出,开设至今,涉及书法、国学、音乐、篆刻、文学、茶等多方面,讲堂内容无重复,每周不同的课程,让参与者对传统文化的内容时刻保持渴求的状态,吸引着大家近悦远来。公益讲堂的核心也是希望能够把更具人文精神的文化推广到每一个对生活有态度的人群中。大讲堂的开设吸引了大批活跃的传统文化爱好者,建立了线上“人文＊茶会＊公益＊分享”“【嘉定】群友活动多”等多个 200 人以上的粉丝活跃的文化互动群,并号召了一批有较高文化艺术成就的艺术家、学者加入公益文化普及团队,也成为百合公益大使团队的主力军。经过近 30 期的历练,公益大讲堂以“教化之城 礼乐嘉定”为指导思想,以文化传承、艺术发展为核心理念,截止到 2017 年 11 月,百合书院公益大讲堂开展了 63 期文化主题的公益讲座,吸引了 27 位在各个文化艺术领域有一定社会影响力的专家学者加盟百合公益大使,直接受益听众近 2 000 人次,在嘉定区域乃至全市范围内产生较高的社会影响力。

（三）组织系列文化雅集

无论是展览还是讲座,文化内容往往相对单一,为了把传统文化内容进行更集中、更丰富、更多元的展示,百合书院结合传统节日,开展了一系列文化雅集活动。雅集活动通过现场演出、嘉宾互动、参与者互动等多个环节,将博大精深的传统文化在轻松欢乐的传统节日中集中展现,如:2016 年 12 月 31 日,百合书院以“琴棋书画 诗香花茶”为主题,邀约了一批在传统文化领域有所建树的艺术家、修习者,开展一期公益的、免费对民众开放的新年传统文化雅集。此次雅集邀请了古琴艺术家方梓老师、插花艺术家汪鸿亮先生、著名建阳点茶团队黄建红团队、悦雅堂创始人黄海先生作为表演嘉宾，为大家呈现一场精彩纷呈的文化雅集，同时此次活动有幸邀请到书法大家张波老师、秦高荣老师为嘉定区残联公益事业捐赠小幅作品作为现场公益慈善拍卖，在嘉定区残联时洁理事长的见证下，慈善拍卖环节一度将雅集氛围推向高潮，同时也赋予这样一场文化雅集更高的人文精神和社会使命。2017 年 11 月 3 日，由百合文化中心团队发起，由百合公益大使吴笑策划、由诵读协会副秘书长卢红霞加盟的"'用声音雕刻时光'2017 年百合书院中秋诗会"在中秋之夜如期召开，本次活动以中华诗词为脚本、以徽派老建筑为舞台、以 20 余位诵读爱好者为演员，在 90 分钟的时光里，为现场 50 余位听众，带来一场别开生面的声音盛宴。

（四）承接公益活动项目

作为百合文化中心的文化展示窗口和活动服务基地，除了自主自筹的公益活动，百合书院还积极响应政府民众文化需求，配合百合文化中心及其他兄弟民非组织完成文化项目承接。如 2017 年 5 月 30 日—6 月 10 日，百合书院协助承接为期 15 天的"古嚠今韵　瑶琴和音"非遗主题古琴展项目，2017 年；2017 年 8 月 8 日，百合书院协助承接为期 13 天的由嘉定南苑中学主办的"南苑集墨，汉风嚠韵"书画展等等。

四、开展文化活动众筹，满足百姓文化诉求

由于受经费制约，针对目前开展的以初级的、大众的内容为主，而人们的精神文化需求丰富多彩且不断深入的现状，百合书院开始探索自筹公益活动的形式，开启了一系列社会众筹文化活动，以满足人民日益增长的精神文化需求。主要方式是由百合书院免费提供场地，依托嘉定文化云、兄弟社会服务组织、通过让公益发起人招募参与者，由参与者集体分担活动费用的方式，让部分小众需求的文化活动在百合书院文化空间内的活动更有效积极的开展起来。众筹文化的开展一方面丰富了百合书院的文化内容和形式，同时又为更

多有需要的参与者提供更优质的文化服务。

（一）读书会、清心茶会

在百合公益书房、"全国十佳特色茶馆"敬茶坊的粉丝群基础上，百合书院文化空间开启了每月一期的读书分享会，每周一期的清心茶会，在发起人领导下完成线上众筹报名、提前阅读、现场分享、后期回顾的可持续活动模式。

（二）古琴研修

2017 年 2 月，百合书院联合嘉定非物质文化遗产传承人、斫琴师田雨，开展了一系列的古琴研修课程，通过文化众筹、实现平价的、小班制的、大师级的文化普及。

（三）文化之旅

2017 年春天，百合书院发起茶文化之旅活动，以茶文化发源地为目的地、以大自然为老师、以制茶大师为向导，将茶文化进阶课程搬进茶山里，同行，利用众筹模式，给更多热爱茶文化的民众带来一场文化之旅，如 2017 年 3 月，带领大家走进宜兴阳羡古茶园，2017 年 5 月，又带领大家走进福建福鼎，探访白茶之乡的魅力。

（四）花艺、书法、国画、手工等体验活动

在空间环境的不断优化、文化氛围的不断沉淀，文化内容不断丰富的情况，百合书院文化空间吸引了一批文化爱好者，通过百合书院文化资源整合，在社工帮助下，文化爱好者自发自筹，在百合书院开展了一系列以花艺、书法、国画、传统手工、亲子游戏等文化体验活动，并形成了一定可持续发展的活动形成。

从公共文化空间的打造到公益活动的运营管理，再到文化众筹活动的广泛开展，百合书院以有别于传统公共文化空间的建设运营理念，始终关注传播

的方式和参与者的"体验感"。百合文化中心的团队也始终认为,传统文化的内容魅力无穷,其要做的只是让当下的人们用正确的方式打开它。因此,百合书院试图做一个灵动的传统文化"体验馆",以求走在传统文化的新前沿,打造公共文化的新阵地,响应"文化自信"的新时代!

6

上海市居村委综合文化活动室发展现状调研报告

陈 涵 赵 青[*]

摘 要 居村委综合文化活动室是上海市基层公共文化服务设施的重要组成部分,也是人民群众身边的文化阵地和服务平台,在广大人民群众的精神文化生活中,发挥着重要的作用。本文在抽样实地调研和调研问卷分析的基础上,深度了解每个居村委的基本情况,经费来源,功能设置以及需求意见,准确把握存在的问题,进而提出了有针对性的对策建议。

关键词 上海 公共文化 居委 村委 综合文化活动室

一、上海公共文化服务体系建设的发展历程

20 世纪 90 年代后期,上海对公共文化设施建设就已经十分重视。到 20 世纪末,上海的十大公共文化设施,如上海图书馆、上海博物馆、上海大剧院、上海书城、上海美术馆等标志性建筑已先后建成,很大程度上满足了上海市民的文化需求。

进入 21 世纪,全球经济政治秩序经历了深刻的调整。2001 年 11 月,中国正式加入 WTO,标志着中国将更快、更全面地融入国际经济社会。通过深化改革、扩大开放,中国保持着经济持续平稳增长,开始进入全面建设小康社会,加

---

* 陈涵、赵青,上海社科院文学所研究生。

快推进现代化建设的新阶段。

2002 年 11 月,中共十六大召开,在题为《全面建设小康社会,开创中国特色社会主义事业新局面》的报告中,提出了"文化事业"和"文化产业"两个概念。同时,经济全球化的浪潮和国家大力推进的文化体制改革,也给上海带来了崭新的发展机遇。2002 年世博会成功申办,标志着上海将成为世界文化交流的大舞台,获得了向世界展示自己胸怀、气度和魅力的良机。全市围绕"世博会与上海新一轮发展"展开了"上海城市精神"大讨论,首次提出了"城市精神"的概念,把培育城市精神与"精彩世博"相联系,开始着眼于从世界的角度来考察和确立上海的文化价值和文化地位。

2004 年,上海公布《上海 2004—2010 年文化发展规划纲要》(征求意见稿),在全国率先提出了"完善公共文化服务体系"。组建了由市级公益性文化机构(如上海图书馆、上海市群众艺术馆等)、区县公益性文化机构(如区图书馆、区文化馆等)、社区文化活动中心所组成的三级网络结构。上海市文化体制改革的力度和广度超过以往任何一年。这场改革是文化领域内的一场深刻变革。随着改革的不断深入,上海的文化管理体制也在发生深刻的变革。

2004 年 9 月上海召开文化工作会议,基于弥补市场之缺的考虑,公布了城市文化设施总体布局和文化建设规划,在文化设施建设方面,重点提出了三个方面的设想,一是建设具有国际水平的标志性文化设施;二是建设具有高标准、普及型的公益性文化设施;三是建设体现上海城市精神的人文景观。除了标志性文化设施以外,上海文化工作会议还确定文化设施建设重点将逐步转向基层社区,宣布将建设"以社区活动中心为主的 102 个社区、115 个镇的群众文化网点,配合形成聚集性和功能性相结合的'一轴、两河、多圈、特色文化街区以均衡分布的文化服务网点'的文化形态布局。"①

2007 年,《上海文化发展"十一五"规划》中,阐明"构建覆盖全面,功能完

---

① 熊月之等著《上海文化发展与变迁:实践与经验》,上海:上海社会科学院出版社,2008 年版,第 265 页。

备的公共文化服务体系"。上海在全国率先提出的"公共文化服务体系"概念,不仅涵盖了传统上由国家兴办的文化事业,如博物馆、图书馆、文化馆、广播电视等,还包括了公共文化的管理运行体制机制、公共文化的财政保障、公共文化产品的生产和与服务、群众性文化活动、文化遗产保护等内容。至2010年时,上海大部分的市级博物馆、纪念馆、美术馆、公共图书馆均能免费向市民提供公共空间设施场地及基本服务项目,满足了广大人民群众对于文化的需求。

构建公共文化服务体系,是在中国经济体制改革和社会转型的大背景下提出的,表明改革开放20多年来,随着社会发展,经济进步,以及政府职能转变,上海城市文化建设已经进入了一个崭新的历史阶段。

二、基 本 情 况

居村委综合文化活动室是上海市基层公共文化服务设施的重要组成部分,也是人民群众身边的文化阵地和服务平台,在广大人民群众的精神文化生活中,发挥着重要的作用。为了进一步促进上海四级公共文化服务网络建设的健全和完善,切实打通公共文化服务的"最后一公里",我局会同市委宣传部发改办、上海社科院文学所公共文化研究室,对全市的居村委综合文化活动室建设情况进行了全面的调研。

调研分三个阶段:一是案例征集。4月起,向各区征集推进基层综合性文化服务中心的优秀案例,共征集到各区报送的72个案例,经过两轮的筛选和梳理,遴选出40个在规划布局、制度创新、资源整合、服务供给等方面具有推广价值和可操作性的优秀案例,下一步将形成案例汇编。二是问卷调查。5月初期起,向各区印发调研问卷,每个居村委填写后,各区文化(广)局汇总后反馈至公共文化处,6月底共收回调研问卷5 352份,其中居委4 062份,村1 290份,并开始问卷汇总和分析,形成居村综合文化活动室数据统计汇总表。三是实地调研。7月6日至8月15日,调研组在局领导带领下冒着酷暑实地调研走访了16个区的66个居村委综合文化活动室

（其中居委40个、村委26个），详细了解设施状况、服务内容、功能发挥、存在问题、百姓需求等情况。

通过对前期调研成果的汇总和分析，形成如下调研报告：

基本情况主要基于调查问卷的数据统计分析得出，同时也结合了实地调研的观察。

（一）基本数据

1. 居委

经调查得知，上海市居委的数量为4 062个，配备文化活动室的数量达3 967个，占比97.66%。居委活动室总面积为786 105.98平方米，平均到每个居委可达193.53平方米，符合上海市对居委活动室的面积（100平方米）标准。其中最大居委活动室面积为8 585平方米，最小的只有8平方米。

在全市居委文化活动室中，2016年平均开放时间为6.59小时每天。总的活动人次38 487 847人次，平均每个活动室每年的活动人次9 515人。共有专职工作人员4 264个，配有专职工作人员的活动室3 027个，占比71%。配有广场的活动室1 297个，占比32.06%；配有音响设备的活动室3 161个，占比78.14%；配有文化信息资源共享工程服务点的活动室1 137个，占比28.11%；配有东方信息苑的活动室720个，占比17.8%；配有舞台的活动室819个，占比20.25%。

2. 村委

全市村委的数量1 290个，配备文化活动室的数量1 265个，占比98.06%。村委活动室总面积为480 718平方米，每个平均373平方米，符合上海市村委综合文化活动室面积（200平方米）标准，其中最大的村委活动室面积10 000平方米，最小为15平方米。

在村委文化活动室中，2016年平均开放时间6.6小时每天。总的活动人次253.441 5万，平均每个活动室每年的活动人次1 965人；配有专职工作人员的村委733个，占比57%；配有广场的活动室971个，占比75%，广场面积平均 334 平米;配有音响设备的活动室 1 043 个,占比 81%;配有文化信息资源共享工程服务点的活动室 613 个,占比 48%;配有东方信息苑的活动室 445 个,占比 34%;配有农家书屋的活动室 1 170 个,占比 91%;配有数字电影放映的活动室 1 169 个,占比 91%;配有舞台的活动室 571 个,占比 44%。

（二）经费来源

上海市居委文化活动室的经费主要来源是居委、文体中心、财政拨款、创建经费等,2016 年财政投入共 6 238.77 万元,平均到每个居委为 1.54 万元,经费投入有制度文件明确规定的居委有 1 433 个,占比 35.43%。

村委综合文化活动室的经费主要来源是村委会、村自筹等。2016 年财政投入共 4 038.844 万元,每个平均 3.130 8 万元,经费投入有制度文件明确规定的村委有 115 个,占比 10%。

（三）村居情况对比

1. 村居活动室面积达标数量占比情况对比

从图 1 可看出,除了普陀区居委活动室面积达标率 79.84%低于村委 83%外,居委活动室面积达标率普遍高于村委。居委中,闵行区达标率最高 97.07%,黄浦区最低 29.07%;村委中,嘉定区达标率最高 84%,奉贤区达标率最低 35%。

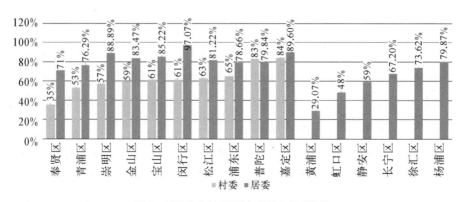

图 1　村居活动室面积达标数量占比对比图

2. 各区村居平均财政投入对比

从各区村居财政投入情况来看,各区村委会财政投入远高于居委会财政
投入(如图2),村委会平均财政投入最高的是嘉定区74 700元,最低的为崇明
区8 600元;居委会平均财政投入最高的为长宁区30 000元,最低的是徐汇区
3 200元。

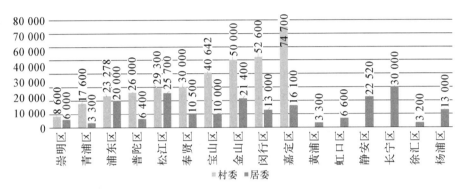

图2　村居各区平均财政投入对比图

3. 各区村居活动室年平均活动人次对比情况

由于城乡人口差异,各区村委活动室年平均活动人次远低于居委,其中各
区村委活动室年平均活动人次最多的是浦东区8 016人,最少的是奉贤区37
人;各区居委活动室年平均活动人次最多的是嘉定区47 899人,最少的是崇明
区888人(如图3)。

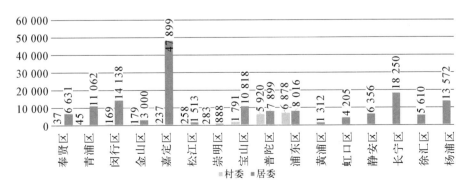

图3　村居各区活动室年平均活动人次对比图

4. 各区村居活动室平均开放时间对比情况

各区村居活动室平均开放时间较长，其中，各区村委活动室平均开放时间最短的是普陀区 4.5 h，开放时间最长的是金山区与松江区 8 h；各区居委中，活动室平均开放时间最短的是普陀区 5.06 h，开放时间最长的是金山区 8 h（如图 4）。

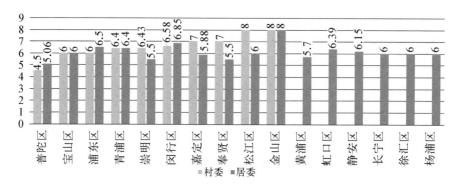

图 4　村居各区活动室平均开放时间对比图

5. 各区村居广场数量占比对比情况

除了崇明区村委广场数量占比 76% 低于居委广场数量占比 78% 外，各区村委广场数量占比普遍高于各区居委广场数量占比，各区村委中，广场数量占比最高的是金山区和松江区 100%，最低的是普陀区 33%；各区居委中，广场数量占比最高的是金山区 100%，最低的是虹口区 4.5%（如图 5）。

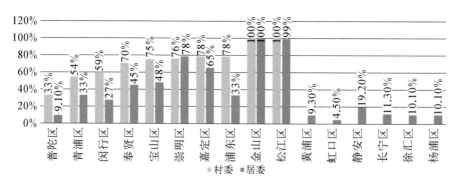

图 5　村居各区广场数量占比对比图

（四）功能设置

1. 居委综合文化活动室

居委文化活动室的受众群体主要是退休老人、青少年。其主要功能设置有：图书室、舞蹈房、电子阅览室、棋牌室、影视室、妇女之家等；基本服务项目包括：棋牌、乒乓、讲座、图书借阅和阅览、青少年特色活动、戏曲演出及戏曲沙龙、团队学习、生活常识咨询、文艺演出、手工制作等；市、区、街镇的配送文化项目主要有：送戏下乡、故事巡演、养生知识讲座、明星巡演、沪剧、文艺演出、文体培训，比较受欢迎的有：戏曲演出、群文团队展演、文艺演出等。

2. 村委综合文化活动室

村委综合文化活动室的受众群体主要有：老年群体。其主要功能设置有：演出舞台、音响、电影电视放映、图书阅览、老年活动室、休闲娱乐等项目；活动室的基本服务项目包括：老年活动室、农家书屋、数字电影、棋牌室、图书阅览、健身器材、舞蹈排练厅等；市、区、街镇的配送文化项目主要有：图书、电影戏剧、乡村大舞台、讲座、艺术节、下乡演出，比较受欢迎的有：戏剧、下乡演出、电影等。

（五）各居村委的需求意见

在此次调研中，我们了解到，各居委对于综合文化活动室主要需求有：一是改善硬件设施环境，为综合文化活动室配备更先进的设施资源；二是配送更多的专业师资力量和专业化、多元化的培训进入社区，提升居委会活动整体水平，满足社区居民的需求；三是加强基础社区从事文化工作社工专业能力实务培训等。

村委对于综合文化活动室的主要需求是：希望有更多送戏下乡活动（特别是沪剧）、配备更多健身器材、开展平安知识讲座和健康知识讲座等。

三、成 果 经 验

在市委"1+6"文件出台后，各区、各部门都对创新社会治理都高度重视，结合各区文明城区创建，推出了一系列举措，充分发挥了居村委文化活动室的价值导向、情感归属、行为引导和教育实践等功能。在各区综合报送的优秀案例和我们的实地调研中，主要呈现以下特点：

1. 党建引领

我们走访的多数居村综合文化活动室都发挥党建引领作用，深入推动党建工作与文化服务相融合，为居民提供各类公共文化服务，听取最基本文化需求，深受百姓欢迎，提升社区和谐度。如长宁虹储小区、青浦盈中居委、金山区护塘村等。

2. 资源整合

多数都充分体现基层综合性文化服务中心概念，党建、法制、科普、妇联、民政、团委等条线高度融合，承担党员教育、文化活动、市民教育、科技普及、普法教育、社区家长学校、社区未成年人教育、残疾人工作、红十字服务、志愿者服务、小区居民议事等多种功能。

3. 示范推进

一些区选取部分点位率先开展示范建设，带动其他居村委活动室建设。徐汇"三室艺厅"项目自 2013 年启动以来，至今已建成 211 家。静安"灰引力"项目、闵行"文化客堂间"、宝山"一村一居一舞台"等也正以每年 10 个左右的力度推进。

4. 居民自治

充分开展居民自治，形成了良好的志愿者服务制度，共同构建良好的居村文化氛围，开展各类文化活动。如奉贤区庄行镇西校村的"红帽子"服务队、闵行区康城邻里中心的志愿服务团队等。

四、典型案例

（一）徐汇区田林街道田林十二村综合文化服务中心建设情况

1. 基本情况

徐汇区田林街道田林十二村居民区地处田林东路南侧，东至钦州路，西与田林十一村比邻路,南至石家浜花园,是1985年建成的售后公房,占地面积约9.4万平方米,居民2 078户,常住人口6 019人,共有楼道85栋。

2. 具体措施及成效

(1) 老旧居民小区,文化凝聚人心

虽然是较为老旧的居民小区,但经过田林街道近几年的综合治理,小区硬件面貌焕然一新,同时居民对软件的需求也日益提高。田林十二村以文化建设为切入点,改善居委综合性文化服务中心条件,打造"留存文化记忆"的服务特色。目前十二村文化中心有三间活动用房,面积共119平方米,配置专业投影设备,包含了影视放映、图书阅览、课程沙龙、展览展示、咨询讲座等功能,小区各类群文团队按排片表有序开展日常活动。文化中心全年无休,随时为居民提供服务,除了平时工作时间每日开放,如居民需要在晚间或节假日活动,只需提前与居委沟通预约即可,十分方便。

(2) 创新管理机制,形成"三三"模式

田林十二村综合文化服务中心在长期的工作实践中,从居委实际情况出发,结合居民切身需求,形成了一套行之有效的管理方式,称之为"三三"模式,即结合一个"五",做到三个"三"。

结合一个"五",是指十二村文化中心始终贯彻徐汇区文化局提出的"五位一体"理念,使文化中心建设与"活动室标准化、文艺骨干培育、文化团队评估、文化资源配送、居民自治管理"五项工作紧密结合,依托文化中心的硬件配置,提升五位一体的软件建设。

做到三个"三",具体来讲,即是十二村文化中心在日常运作中,从三个方面采取分级管理模式,即一是在人员管理上,通过"街道联络员—居委文教—活动室志愿者"的三级网络,强化权责意识;二是在项目管理上,通过"区级资源—街道资源—居委共建资源"的三级联动,优化群文内涵;三是在机制管理上,通过"居委把关、会长落实、团队自治"的三级体系,优化文化服务能级。从而形成良性循环的有效推进手段。

(3) 坚持文化为魂,共建"三个家园"

在徐汇区文化局和田林街道的帮助支持下,在田林十二村居委和居民的共同努力下，田林十二村综合文化服务中心坚持"文化为魂"，使文化中心成为田林十二村居民群众共同的"快乐家园、记忆家园、温馨家园"。

"快乐家园"即：硬件到位、软件贴心，优质的资源、丰富的活动，使文化中心成为田林十二村的文化地标。每日团队活动、每周佳片放映、每月小型汇演、每季节庆纪念、每年主题展览，欢声笑语的愉快氛围，吸引了居民近悦远来。

值得一提的是，田林十二村作为老小区，居民以中老年为主，居委便在活动中心专门辟出了"留存文化记忆"主题展示墙，通过照片、实物、讲述等形式，将"怀旧回顾"与"建设展望"有机结合，每期一个专题，目前已举办十五期，展品有居民们从家中拿来的各类藏品、有居民获全国劳动模范受颁的奖章、有20世纪七、八十年代的粮油票证、有荷兰木鞋、海南椰雕等旅游纪念品、也有市书法家协会会员的书画作品。这让居民沿着记忆的痕迹，更加珍惜共享改革开放成果，不断增强社区归属感和满意率，也有效提升了小区"邻里一家人"的和谐气氛以及"文化在民间"的内涵品质。

"记忆家园"即：田林十二村文化中心不仅是居民唱唱跳跳的场所，也是居委凝聚群众、扶持团队、打造品牌、提升水准的平台。另外，越来越强的师资和越来越多的课程选择，让居民们纷至沓来，继而培育出更多的自治团队，田林十二村还在今年新增了国学、养生、美厨、智能手机应用等新兴团队，其中，新开设的"微信班"深受中老年学员欢迎，这是在当今"互联网+"的影响下，根据老年居民需求，开办的教授老年人使用微信、加强沟通的课程班，在学习新兴科技的同时，微信班还坚持宣传正能量，组织学员开展为小区服务的线下活动，将居民自发学习与小区家园管理有效结合。

"温馨家园"即：以田林十二村文化中心为平台，以居民区群众团队为载体，在街道的指导下，田林十二村整合资源，成立了"学习促进会"这一居民自治组织，以汇聚人才、汇聚人气为基础，以合作分享、自我服务为理念，以共建温馨和谐家园为目标，培育引导"馨、享、汇"的小区自治共治意识。

学习促进会以居委群文团队为基础，整合各类文化资源，在各居民区现有条件下，最大限度地满足社区居民的精神文化需求，为居民提供内容丰富的活动项目,让社区居民都能找到自己的组织和乐趣。以学习促进会这一社区自治组织为载体,为团队搭建支持、服务平台,提升团队协作能力,逐步发展为由学习促进会承担居委各类群文项目的组织与管理工作,扩大覆盖面。同时以此为出发点,进一步引导居民自主投入活动、自主管理团队、自主参与小区建设的各方各面。通过"学习促进会"这一平台,使政府各项工作,从"政府推动+任务驱动"转变为"需求推动+居民主动"。

田林十二村学习促进会自成立以来,仅今年第一季度,已承办各类居民区大型活动4次,开设文化体验课程2门,吸引居民近2 000人次参与,在小区内取得了不俗的反响,也为居民区分担了一部分工作。正如田林十二村党总支书记赵国庆所说:温馨舒适的小区文化活动中心和寓教于乐的学习促进会,是我们十二村小区优化治理的"助推器"。

(二)松江区泗泾镇新凯五村综合文化服务中心建设情况

1. 基本情况

为贯彻落实区率先建成现代公共文化服务体系要求,积极营造全民阅读氛围,不断提升居民文明素养,努力构建和谐社会,新凯五村居委会在充分发挥全市首家社区图书馆作用的基础上,着力打造"悦读新凯·书香家园"特色文化服务品牌。通过"悦读"活动的开展,有效助推了公共文化服务提档升级,补齐了"最后一公里"短板,深受居民欢迎。

2. 具体措施及成效

(1)是注重"悦读"设计,建立健全制度规范

通过全国基层综合性文化服务中心试点建设,新凯五村居委会建成了拥有"1+3+4+X"功能空间的"一体化、一站式"公共服务平台。其中社区图书馆面积120余平方米,现有藏书1.5万多册,报刊杂志26种,配备电脑12台,开通了宽带网络,联通数字阅览平台,实现了手机PPT阅读浏览,还与上海图书馆和街镇图书馆联网形成了通借通还功能,是全市首家社区图书馆、全区唯一"数字图书阅览室",被居民戏称为"信息集散地和市民终身学习教育基地"。为确保"建、管、用"能有机结合,充分发挥社区图书馆的作用,在全面了解居民

需求的基础上,制定了《新凯五村居委会图书馆服务规范》,明确了服务内容重点围绕读书看报、培训辅导、阅读演讲、艺术普及等方面;制定了《新凯五村居委会图书馆考评办法》,明确了人员配备、经费保障、服务时间、服务项目和考核评估等等指标。建设、服务和考核标准的确定,进一步明确了图书馆的功能定位;还制定了《新凯五村居委会图书馆管理制度》《新凯五村居委会图书馆工作人员职责》等制度规范,有效提高服务质量。

(2)是注重"悦读"形式,营造全民阅读氛围

为充分发挥社区图书馆"小平台"承载"大服务"功能,不断拓宽服务内容,努力丰富"悦读"形式,积极营造"书香"氛围,有效吸引居民主动参与"悦读"活动。实践中,为使社区图书馆成为广大居民学习知识、提升能力、愉悦交往、培养兴趣的平台,积极开展了"读书修身"和"学习型社区"、"学习型楼宇"、"学习型家庭"等系列"悦读"活动。立足社区"种文化",大力培养乡土文化能人、读书学习积极分子,积极支持居民自办读书小组、读报小组、演讲小组等各种读书学习组织,较好丰富了读书学习形式,激发了社区居民的读书兴趣。为充分发挥数字图书的作用,开展了"扶老上机、助老上网"培训,帮助老年朋友掌握信息知识,确保能熟练使用电子产品开展读书学习和玩网游活动。通过培训,老年朋友自主开设了"老年论坛"专题网页,相互间呼朋唤友、高谈阔论、谈古论今不易乐乎。为吸引青少年积极参与读书学习活动,每逢寒暑假均会举办"青少年网络夏令营"、"少儿拼字"、"古诗词比拼"和"朗读达人"等活动,有效发挥电子阅览室作用的同时,积极引导广大青少年健康上网和培育读书学习兴趣。在积极开展读书学习活动的同时,还大力开展了各类群文活动。如结合重大纪念日、节假日,开展"新春佳节福气漫天"挂灯笼贴春联活动、"元宵相聚谱和谐 邻里同乐包汤圆"元宵包汤圆猜灯谜活动、"魅力女性 精彩人生""三八"趣味活动、"感恩母亲,共建和谐"母亲节 DIY 手工制作活动、"香囊传情迎端午,文明创全爱社区"端午创全普及活动等,较好丰富了群众精神文化生活,起到了凝聚人心、增进认同、化解矛盾、促进和谐的积极作用。

(3)是注重"悦读"引领,不断提升居民素养

始终坚持以人民为中心的工作导向,努力把"悦读"活动搞成广大居民享

受"书香"的乐园、塑造精神的家园,不断增强文化获得感,感到"身在松江幸福的",由此提升松江人文素养,增强文明素质。实践中,专门定制面向居民的"悦读"活动菜单,创设"乡村艺堂",用松江方言讲松江故事、群众性阅读小组演说身边的故事等,引领居民传承中华优秀传统。采取新书推介、读书剪报、图书评论、科普知识、作品展示、健康常识等读书活动,让居民通过"悦读"活动,达到以"悦"育人、以"悦"导人、以"悦"愉人、以"悦"泽人的目的。为适应新形势、谋求新发展,居委会针对社区白领多、知识分子多等特点,于2015年通过购买服务的方式,与中国知网签订了合作协议,联合开发了网上阅读功能,居民可通过手机APP等电子产品随时随地开展阅读活动。目前已开发了7大类阅读下载资源,主要涵盖了《中国精品文艺作品期刊文献库》《中国精品文化期刊文献库》《中国精品科普期刊文献库》《中国学术期刊网络出版总库》《中国重要报纸全文数据库》《"三新农"图书资源库》《少儿期刊阅览室》等,为社区居民查阅资料、网上阅读等提供了良好学习平台。通过针对不同人群开展不同阅读形式,有效激发了居民的阅读兴趣,浓厚了学习氛围,提高了文明素质,提升了社区品味。通过形式多样的"悦读"活动,较好实现了文化设施和服务内容并进、文化配送和群众参与于一体、不断向居民提供"正能量"的优质服务,既满足和培育了居民的文化需求,又增进了社区活力和居民公共理念,从中还增强了社区文化建设的内生力量,促进了社会和谐稳定。

五、存 在 问 题

(一)发展水平不均衡

因为各区、各街镇乃至各居村委经济社会发展水平的差异,还有对文化发展的重视程度的不同,决定了居村委综合文化活动室的发展水平仍有较大的不均衡性,表现在中心城区和郊区,农村和城市社区,同一区内的不同街镇,同一街镇的不同居村,都在硬件设施、经费保障、人员配备、服务能级等方面存在差异。

（二）保障机制不够完善

一是重视程度不够。2016 年 4 月市府办公厅曾经出台过《本市贯彻推进基层综合性文化服务中心建设指导意见的设施意见》，其中关于居村综合文化活动室也有相关具体的规定，但因为文件比较侧重社区文化活动中心的管理、运营，因此没有引起基层政府的充分重视，各区在推进居村综合文化活动室方面力度不一。

二是规范性程度不够。因为没有专门的建设指导意见，所以在发展方面规范性不够，如活动室名称五花八门，有基层综合文化服务中心、社区活动室、老年活动室、为民活动中心，标识和名称多达十几种；功能设置比较随意，没有经过深入的需求调研。

三是经费投入差距较大。中心城区居委会，在每年 10—25 万的居委会总经费中，可拨出一部分用于文化活动。远郊的农村，经费投入视镇、村经济状况而定，由于没有固定标准，比较具有不确定性。

四是管理队伍流动性较大。中心城区居委会，一般都配有专兼职文化社工 1 名。远郊农村地区，基本都为村委兼职人员（如大学生村官等），且一些偏远地区流动性较大。

（三）部分空间利用率较低

实地调研中发现，大部分的居村文化活动室较为充分地发挥了自身的文化功能，但有部分空间因为社会的发展转型，与现时的文化需求严重脱节，空间利用率低，造成了较大的资源浪费。

如农家书屋，由于农村年轻人口的外迁，人口的老龄化、文化习惯等问题，利用率不高；东方信息苑，由于手机等便携式上网设备的普及，加上与社区的融合度不高，在部分区几成空置，亟待转型。农村数字电影放映，由于放映设备配置已有一些年份，面临设备老化，维修成本较高。以上问题都亟待空间更新，实现功能转型。

（四）服务与需求未充分对接

从问卷调研及实地调研中可以看到,居村文化活动室在服务内容的供给方面,与区域居民的文化需求还没有充分对接,还没有建立比较完善的供需对接机制,某些公共文化服务项目的供给没有充分考虑每个活动室服务辖区的地域文化和人口结构的特点。在松江区胡家埭村,我们与村民直接交流,发现他们对戏曲尤为热衷,在其他农村地区也是如此,但以目前的戏曲进乡村场次,还远未能满足需求。

六、对 策 建 议

（一）提升认识,强化责任

居村委综合文化活动室是满足居民多样化文化需求的重要阵地、是大力弘扬社会主义核心价值观的重要阵地,推动居村综合文化活动室建设同时也是上海创新社会治理背景下的现实需要。作为我市公共文化服务体系中最基层、最贴近百姓的文化设施,直接触及百姓需求"神经末梢",将有效补齐公共文化服务"最后一公里"短板,满足居民就近、便捷的多样文化需求。市、区、街镇各级文化系统要提高认识,率先行动,敢于担当,为"十三五"时期上海率先建成现代公共文化服务体系,保障广大市民群众文化权益承担必需的责任与义务。

（二）寻找差距,补齐短板

全面对标中办、国办《关于加快构建现代公共文化服务体系的意见》、国办《关于推进基层综合性文化服务中心建设的指导意见》,并结合《国家公共文化服务体系示范区东部创建标准》,找差距、补短板、提效能,完善本市基层综合性文化服务中心建设。力争从设施建设、内容服务、资源整合、配送延伸、组织保障等方面提质增效,打通公共文化服务"最后一公里",确保上海于2019年底率先建成现代公共文化服务体系。同时进一步对接需求,推动农家书屋、东方信息苑等的发展转型。

（三）多元主体，参与管理

居村委作为中国最基层的居民自治组织，在地域特点和文化资源方面千差万变，因此，要创新思路，在党建引领之下，大胆探索适合各自居村特点的自治模式，激活上海"最后一公里"的文化活力。积极引入社会主体参与项目管理与活动组织，如静安的"灰引力"项目，金山区朱泾镇钟楼居委的"钟楼 IN 家园"等。提倡居民自治，深化志愿服务制度，引导群众自我管理和自我服务，如闵行沁馨邻里中心的理事会制度等。

（四）积极挖掘"文化能人"

在实地调研的 60 多个居村当中，热心居村公共事务同时又在文化领域具有一技之长的"文化能人"发挥了重要的作用，有"文化能人"协调组织的居村文化活动室，相对显得和谐、活跃，在服务能效、运行机制、邻里和谐等方面，都呈现出比较积极的态势。因此，应该鼓励每个居村委都能充分挖掘辖区内的文化资源，积极寻找"文化能人"，同时建立对"文化能人"的培育和激励机制，孵化更多的"文化能人"参与居村的文化建设。

三、场馆运营

7

公共图书馆的文化治理功能及其提升路径

——以上海市徐汇区图书馆为例

李 杰*

摘 要 公共图书馆是公共文化服务体系的重要组成部分,是保障居民基本阅读需求的阅读服务设施。在构建现代治理体系的背景下,公共图书馆如何发挥其特有文化治理功能是当前文化治理体系建设的重大课题,亦是本文关注的焦点。文章在简单分析公共图书馆文化治理内涵、特性的基础上,结合徐汇区图书馆的具体实践,具体分析了公共图书馆的文化治理功能,并根据当前阅读的实际提出了公共图书馆更加有效发挥文化治理功能的提升路径。

关键词 公共图书馆 文化治理功能 提升路径 徐汇区图书馆

---

* 李杰,徐汇区图书馆馆员。

一、公共图书馆的文化治理内涵

（一）文化治理

十八届三中全会提出全面深化改革的目标是实现国家治理体系和治理能力的现代化,文化治理作为国家治理体系现代化的重要组成部分,逐渐进入人们视野,引起学者的关注和讨论。对于文化治理,学界有不同理解。吴理财认为文化治理具有政治、社会和经济三种面孔,并认为尽管文化治理多种面孔,但其实质都是要透过文化和以文化为场域达至治理。① 景小勇将文化治理分为文化事业和文化产业两大内容,认为在文化事业方面要建立现代公共文化服务体系,在文化产业方面要建立市场运行体系。② 上述两种理解,前者将文化作为国家和社会治理的手段,后者是以"政府"为本位和基本视角来理解文化治理,尽管解释方式不同,但其本质都是将文化当作一种工具和手段,最终目的都是为了达到国家和社会治理,忽视了文化对个体情感愉悦、精神寄托的价值,只看到了文化理性的一面,而忽视了文化诗意的一面。笔者认为,文化是不同社会群体之间相互分享、学习和传承下来的信仰、习俗、价值观、制度、惯例、思想、审美、情感以及交际方式的总的积累。我们常说"以文化人",就是以"文"来愉悦人的心情、浸润人的思想、净化人的灵魂、提升人的文明、凝聚人的价值。可见,文化治理一方面包括通过文化对国家和社会进行治理,一方面包括对个体的心性愉悦、审美提升和人格塑造。

（二）公共图书馆的文化治理

我们常说,"阅读引领市民修养",而以提供阅读服务为主要工作的公共图书馆,承载着市民对文明、智慧和道德的想象与期望,"一座图书馆,小到可以改变一个人,一所学校,一个家庭;大到可以改变一个国家,一个社会,甚至整

---

① 吴理财.文化治理的三张面孔[J].华中师范大学学报(人文社会科学版),2014,1,66.
② 景小勇.国家文化治理体系及政府在其中的地位与作用[J].人民论坛,2014,5,29.

个世界"①。作为公共文化服务体系的重要组成部分,公共图书馆既是文化治理的一种工具,也是文化治理的一项内容;作为文化治理的内容它体现了主导阶层的统治意图和构想,作为一种治理工具它通过文化素养和文化科技的治理操作力图塑造广大人口的思想行为和能力。② 公共图书馆的文化治理即公共图书馆通过对公众阅读的推动和引领,实现对公众文化素养的培养、民族价值的塑造和社会发展的引领。公共图书馆如何发挥文化治理功能是当前文化治理体系建设的重大课题,亦是本文关注的焦点。

二、公共图书馆文化治理特性及其功能

(一) 公共图书馆文化治理特性

图书本身就是人类经验、思想和智慧的结晶和载体。图书馆是通过读者阅读图书这一行为的实际发生来塑造读者的行为、思想、修养和文明。这决定了公共图书馆具有文化治理功能。准确把握公共图书馆文化治理的特性,是发挥其文化治理功能的前提条件。

1. 治理方式的间接性

公共图书馆发挥文化治理功能的必然路径是"阅读"行为的实际发生。无论图书馆书多经典、多有价值,图书推广活动多丰富多彩,著名学者、专家大咖的讲座多么引人入胜,最后都要靠读者切切实实、安安静静地阅读图书才能发挥文化治理功能。即公共图书馆发挥文化治理功能的方式是以书为媒介,通过阅读行为的实际发生使读者获取信息、认识世界、发展思维、获得审美体验、提升文明修养。

2. 治理对象的精神性

公共图书馆以引导读者阅读图书为神圣职责,此也是其发挥文化治理功能的必然路径。读书是对读者精神的涵养和化育,使读者充实人生,启迪思考,丰富心灵。公共图书馆通过对阅读的推广与引导,将社会倡导的主流价值

---

① 柴犬叔叔.图书馆的力量[EB/OL]."柴犬叔叔"微信公众号,2017-07-11.
② 解胜利、吴理财.公共图书馆的文化治理学[J].湖北社会科学,2014,9,76.

和思想观念灌输给读者,是读者形成统一的价值观、审美观、是非观和善恶观,并用以指导和规范自己的言行。

3. 治理过程的渗透性

公共图书馆通过推广阅读以"润物细无声"的方式改变着读者的精神世界,而不是强制的方式。"阅读会带给你一种穿透灵魂深处的文化力量。尽管看不见、摸不着,但早已在冥冥之中塑造了你的心性与人格"。[①] 著名作家毕淑敏说:坚持下去,持之以恒,读书能使人优美。可见,公共图书馆可以使读者在不知不觉中产生文化认同、形成共同的价值体系、理想信念和审美理想。

（二）公共图书馆的文化治理功能

阅读服务是公共图书馆的核心职能。阅读是个体行为,每个人的兴趣爱好、成长经历、专业背景不同,阅读选择必然不同;阅读又是集体行为,是一个国家、一个民族精神发育、文化传承的重要途径。阅读的多重特性决定了公共图书馆文化治理功能的多元性和复杂性。下面以徐汇区图书馆为例,谈谈公共图书馆的文化治理功能:

1. 塑造个体文化素养

公共图书馆主要通过举办特色阅读推广活动推广阅读,激发读者的阅读兴趣和阅读自觉。读者读书的目的是为了提升精神,丰富情感,增长见识。读一本好书,不单是读到了更多的知识,更重要的是读到一个你从未发现过的自己,读出了自己某种从未被重视的情绪。好的阅读像一次充满惊喜的旅行,读完你会更了解自己。复旦大学中文系教授、上海文艺评论家协会主席汪涌豪说:阅读就是阅世。苏州大学教授朱永新说:一个人的精神发育史就是他的阅读史。著名散文家、诗人赵丽宏说:一个人活在世界上,如果渴望追求知识、探索人生的话,那最划算的办法就是读书。这些说法从不同的角度阐释了阅读对个体的文化塑造功能,即对个体情感的愉悦、自身的了解、世界的认识、精神的塑造。"汇悦100"是徐汇区图书馆发起的为期100日的全民阅读盛宴,于2017年1月14

[①] 言之有范.你为何不能停下来阅读[EB/OL]."言之有范"微信公众号,2016,11,9.

日—4月23日期间,每天由阅读爱好者向读者推荐一本自己喜爱的书,书目有《唐诗300首》、《红楼梦》、刘宗迪《失落的天书:〈山海经〉与古代华夏世界观》、张国刚《〈资治通鉴〉与家国兴衰》、罗伯特.所罗门《大问题.简明哲学导论》、娜塔莉.泽蒙.戴维斯《马丁·盖尔归来》、[美]威廉詹姆士《实用主义》、[英]苏珊·伍德福特《剑桥艺术史》、[美]埃里希·弗罗姆《爱的艺术》、[以色列]尤瓦尔·赫拉利《人类简史》和《未来简史》等,内容涉及文学、史学、哲学、经济学、管理学、政治学、艺术学等各个方面,范围来自古今中外。其中一位荐书者谈到读书体会时说:经由文字而产生的跨越时空的情感交流,对嗅觉与情绪的精准描绘,使人产生无限向往。还能体会到厚重的人生感悟,以及对文化和历史的思考。还有一位荐书者谈到读《红楼梦》的体会说:文学之雅、青春之美、爱情之苦,都由此书启蒙,从此化身"红楼粉",有闲情逸致时捧起这本书,遇到所谓"沟沟坎坎"时也会翻出这本书。这充分说明,公共图书馆通过阅读推广可以给个体带来知识积累、情感愉悦、人生感悟、文化认同、历史思考、修身养性等多重功用。

2. 培养阅读习惯

国家总理李克强说:"一个国家养成全民阅读习惯非常重要。而这与公共图书馆普及密不可分。"①可见,公共图书馆对个体、社会和民族阅读习惯的养成具有推动和促进作用。徐汇区图书馆把全民阅读活动当作重要战略任务,以其图书资源、信息资源、优质服务、丰富活动、网络设施等资源优势,宣传推广阅读,营造阅读氛围,培养阅读习惯,努力培育"汇悦读"活动品牌,打造随时随地的图书馆,建设书香徐汇。一是打造"汇悦读"全民阅读季。结合读者需求,紧扣时代脉搏,分"新知、成长、分享、未来"四大板块,打造市民喜闻乐见的、具有徐汇地域特色的阅读推广活动,营造"书香徐汇"的社会氛围。二是构建"汇悦读书香联盟"。以徐汇区图书馆为"书香部落",以区域内有特色的文化场所为"书香驿站",以社区自助图书室为"书香坊",引进孵化各类阅读类社会组织、社团(个人)等成为"书香行者",搭建一个信息交流、资源流转的平台,共同推广阅读,营

---

① 李克强.一个国家养成全民阅读习惯非常重要[EB/OL]. http://politics.people.com.cn/n1/2017/0423/c1001-29229972.html,2017-10-24.

造城市文化氛围。目前有"书香驿站"13 家，"书香坊"76 家，"书香行者"10 家，参与的社会力量包括药店、书店、商场、咖啡馆、会馆、创意空间、写字楼、机关行政服务中心、居委会、文化企业、读书会、亲子俱乐部、工作室等各行各业。社会主体多，社会网点广，使图书馆服务走进居民生活便利区，使居民在日常生活中不知不觉享受到图书馆服务。三是推广"约书吧"移动数字阅读。"约书吧"是2015 年推出的移动数字服务，可在线查阅借书目录，就近选择"文化驿站"取书，还可下载上海图书馆众多数字资源，让"掌上图书馆"成为现实，让阅读触手可及。四是逐步增加"新书速借 你选我购"服务点。利用"图书馆+书店"的模式，与位于新华书店（港汇广场店）、大众书局（正大乐成店）、博库书城（宜山路店）等 3 家书店联合常态化推出"新书速借你选我购"服务，把选书权交给读者，不断提升用户体验，鼓励更多的人参与到全民阅读中来。徐汇区图书馆"汇悦读"品牌的打造，让阅读随时随地可及，让开卷有益成为一种生活习惯，让手不释卷成为一种社会风气，让"爱读书、读好书、善读书"的风气更加深入人心，"一日不读书，胸臆无佳想。一月不读书，耳目失清爽。"据统计，2016 年徐汇区图书馆各服务窗口总流通人次超 101.5 万人次，图书馆借还超 84.3 万册次，开展各类阅读推广活动 291 场次，超 1.4 万人次参与。"你选我购"自 2016 年 8 月推出至2016 年 4 月，已为近 3 000 人次读者提供服务，借出图书 5 000 余册。

3. 传承优秀传统文化

文化部 2017 年印发的《"十三五"时期全国公共图书馆发展规划》，将"充分利用馆藏资源，传承和弘扬中华优秀传统文化"作为公共图书馆的 8 项重点任务之一。人类历史上的知识、文明与思想精华，都通过书籍、文化而凝结，通过阅读、学习而传承。书籍特别是经典书籍，思考和表达着人类生存和发展的根本问题，其智慧光芒穿透历史，思想价值跨越时空而历久弥新，是人类伟大的精神财富。公共图书馆以其丰富的图书资源，成为知识、文明及优秀传统文化的重要载体，承担着传承弘扬优秀传统文化的历史使命。徐汇区图书馆2006 年以来打造的公益文化品牌"汇讲坛"，下设公益文化、健康新知、数字资源、艺术收藏、"大家·对话"等系列，秉承高水准、高质量、高规格，主讲嘉宾均为市民熟知的老艺术家及知名学者、作家、艺术家，已连续举办 11 年近 700 场次,服务逾 3 万人次,为市民提供了海量文化资讯,已成为市民开阔视野、增长见识、提升品位的"城市教室"、"没有围墙的大学",也是传承优秀传统文化的有效平台。多次推出徐光启与徐家汇、上海历史建筑、上海滑稽、上海故事、上海城市记忆、上海民俗、上海市民文化特质、上海绕口令、上海说唱、上海电影、上海书画等海派文化主题讲座,有效传承发展中西结合、兼收并蓄的海派文化。尤其是"大家·对话"系列,邀请文化界名人、专家、学者,与现场听众一起分享、追溯、探讨中华文化之美、上海文化之源、徐汇文化之脉,为市民读者奉上丰富的文化盛宴,如"京沪·越——戏曲之魅",邀请李军、茅善玉、钱慧丽等戏曲名角畅谈戏曲之美;"缘起徐家汇"邀请著名华人戏剧导演赖声川、国家一级编剧、作家王丽萍等,追溯徐家汇中西交流的文化之源;"诗与远方"邀请赵丽宏、张烨等著名诗人谈论诗歌之美、诗歌之情、诗歌之趣;"文物保护与发展"邀请伍江、李天刚、陈丹燕等著名学者、作家研讨如何在城市更新的同时做好文物保护开发利用工作。此外,徐汇区图书馆还以弘扬传承优秀传统文化为主题,举办了丰富多彩的文化活动,如中华古诗词大赛、中华优秀传统文化知识大赛、中华经典古诗词赏析、国粹艺术赏析以及"开天辟地——中华创世神话"少儿阅读推广等主题活动,让市民读者认识中华文化的博大精深、中华文明的源远流长,从而提升读者对中华优秀传统文化的感受、认同、热爱及自信、自觉、自豪。

4. 塑造民族价值观

习近平总书记指出:"(社会主义)核心价值观是文化软实力的灵魂、文化软实力建设的重点。这是决定文化性质和方向的最深层次要素。"[1]构建社会主义核心价值观,最好的方式是倡导阅读。深入开展全民阅读活动连续被写入十八大报告及国务院 2014—2017 年《政府工作报告》,标志着全民阅读上升为国家文化发展战略。李克强总理把阅读看作是一种生活方式,有着"创新力量"和"道德力量"[2]。可以说,一个国家或民族"阅读能力的高低直接影响到

---

① 习近平. 习近平谈国家文化软实力[EB/OL]. http://news. xinhuanet. com/politics/2015 - 06/25/c_127949618. htm,2017,10,25.
② 李克强. 希望全民阅读能够形成一种氛围,无处不在[EB/OL]. http://politics. people. com. cn/n/2015/0315/c70731 - 26695616. html,2017 - 10 - 24.

一个国家和民族的未来，一个民族的精神境界取决于它的阅读水平"①。如犹太民族是一个灾难深重的民族，但马克思的唯物史观、弗洛伊德的精神分析学说、爱因斯坦的相对论等改变了人类对物质世界、精神世界的认识均来自犹太民族。犹太民族取得如此大的成就，靠的是智慧，而智慧来源于他们对书籍宗教般的热爱、迷恋和敬畏，据悉，在每个犹太人家中，当小孩稍懂事，母亲就会翻开"圣经"，滴上一点蜂蜜让孩子去舔，这种仪式意味着"书本是甜的"。可见，阅读可以凝聚民族精神，培育民族价值。以推广阅读为主要任务的公共图书馆理所当然地承担着塑造民族价值观的职能。徐汇区图书馆根据当前党和国家振奋民族精神的要求，加强社会主义核心价值观阅读资源的供给和推荐，向读者推荐更多思想精深、艺术精湛、制作精良的优秀读物，如面向青少年推出了《长征的故事》《中国古代寓言故事》《神话故事》《拥抱我们的中国梦》《钱文忠给孩子的国学励志书系列》《中华诚信故事一百零一夜》《家园：中华民族精神读本》等主旋律图书，培育青少年的爱国意识、道德意识、诚信意识、礼仪意识。还依托重大时间节点、纪念日，推出纪念"建军80周年"、"淞沪会战"70周年、"七七事变"70周年、"闪闪的红星"等爱党爱国主题教育活动，举办体现爱国主义、核心价值观精神内涵的文艺讲座、电影赏析等主题活动，以共同的阅读凝聚共同的理想、共同的价值、共同的民族精神。

5. 促进社会自治

社会是由个体组成的，个体具有不同的思想、价值、立场、观点。若个体价值观一致，则促进社会和谐进步；否则，则会带来社会冲突与矛盾。公共图书馆通过推广阅读，安顿人们的心灵、启迪人们的思想、树立人们的理想、坚定人们的信念，形成共同的价值、理想和追求，在某些问题上会形成共识，并形成社会规范或制度，为化解社会矛盾和冲突、促进社会和谐与自治提供了精神支撑。为此，徐汇区图书馆加强阅读服务体系建设，在全区73个居委综合文化活动室建立了"自助阅览室"，并联合大学生志愿者、社会公益阅读组织共同推出"友书共读"社区阅读推广模式，将阅读推广活动送进"自助图书室"，引导

---

① 朱永新. 全民阅读应成为国家战略[N]. 光明日报,2013－04－21(09).

居委成立读书小组,培养阅读习惯,在更好地保障社区居民阅读权益的同时,有效促进了社区和谐和社区自治,获得了社区居民的高度认可。如漕河泾街道宏润花园阅读小组"茶友会",采取"参与自觉、运行自治、经费自筹"的方式,定期组织阅读活动,以阅读为载体讨论小区之事,既给会员畅所欲言的机会,又给居委找到了社区治理的好点子、好火花,对小区治理出主意、出点子,成为社区治理的好帮手。一方面带动了居民文明意识觉醒,化解社会矛盾,和谐邻里关系,促进了社区自治;另一方面引导社区居民在服务他人、奉献社区过程中践行道德规范、提升道德境界,弘扬社会正能量,促进了社会主义核心观建设。

三、公共图书馆文化治理功能的提升路径

公共图书馆发挥文化治理功能的实现路径是通过阅读推广,使读者阅读图书,从而提升读者,达到治理的终极目的。这里主要包含"书—阅读推广—读者—阅读行为"四个要素。公共图书馆文化治理功能的提升路径亦与此四要素息息相关。主要有:

(一)变数字化浅阅读为纸质经典阅读

当前由于互联网和社交平台的即时传递、实时互动功能,读者可以随时查阅自己所需要的知识,"有事情问度娘";打开微信,聊天、看新闻、查看朋友圈中的朋友状态、阅读朋友圈中分享文章、阅读公众订阅号发布文章是当今一种时尚的阅读方式,生活化、社交化趋势较为明显,是"心灵鸡汤"式的阅读。据清华大学"新媒体指数"研究团队经过长期跟踪发现,微信内容以快精短为特点,浅阅读、轻阅读、泛阅读是主体,微信公众号中,"70%均为趣味性公众号"[1]。据 2016 上海市民阅读状况调查报告,尽管首选"传统(纸质)阅读"的比例高出首选"数字阅读"的比例,但是两者差距为 11.70 百分点,比 2015 年的差距缩小了 6.55个百分点,首选数字阅读的比例比 2015 年高出 3.44 百分点,这反映了新生代

---

① 路艳霞.人均每天读微信超 40 分钟[N].北京日报,2015-04-21(09).

读者的阅读趋势①。人们特别是年轻一代更倾向于活泼、有趣的阅读形式，不愿意花大量时间去阅读"长篇大论"的小说和经典。这种浅阅读方式具有获取便利、信息丰富等特点，但也有致命的缺点，复旦大学教授汪涌豪指出：网上知识都是皮毛讯息，毫无思想；浅阅读只能产生"知道分子"，而不是"知识分子"，阅读经典会超拔你，提升你。② 许纪霖也说：书本阅读产生知识，手机刷屏获得资讯。③ 作为人类精神家园的守望者，作为人类文明的传承保护者，公共图书馆不应该仅仅满足各种阅读活动仪式的举行、微博微信粉丝的增加、微信阅读群体的扩大、人均微信阅读时间的增加等表面现象，而是要做经典阅读的守望者，引导公众阅读经典、名著，让阅读不仅仅是消遣、娱乐，还要深入人心、触及灵魂、深入社会，让阅读成为塑造个人灵魂、民族精神家园的载体。因为苏格拉底说过：未经审视的人生是不值得过的。

（二）让阅读推广回归阅读本身

目前，随着"互联网+"和"图书馆+"的日益发展，图书馆服务方式日益创新和多元，不再局限于传统的图书馆服务，而以一种扩张的趋势打造各种个性化服务，各种大型赛事、节庆活动、阅读推广活动，如"城市书房、创客空间、会客厅、咖啡厅、24 小时自助图书室"等个性服务，"你购书我买单"、"阅读马拉松"等各种活动，其出发点是好的，也取得了一定成效。如徐汇区图书馆在2017 年上海书展的 7 天之内，就组织了大大小小的阅读推广活动 68 场（包括街镇图书馆）。其中一场是阅读马拉松比赛，3 个小时参赛者要阅读近 11 万字的作品，尽管对刺激阅读有一定积极作用，但是毕竟只是手段，并不能激发阅读兴趣，亦不能传授阅读方法，只是为了读书而读书，读者没有用心去感受阅读的快乐。笔者认为，目前公共图书馆举办的阅读推广活动不是太少，而是太

---

① 2016 上海市民阅读状况调查报告发布，到底有何特点？［EB/OL］."出版排行榜"微信公众号，2016 - 08 - 05.

② 汪涌豪，傅杰. 读书人别把头脑外包给机器［EB/OL］."文汇读书周报"微信公众号，2017 - 07 - 10.

③ 李念. 许纪霖：书本阅读，或让你成为"太阳"，手机资讯成行星［EB/OL］."文汇讲堂"微信公众号，2016 - 08 - 02.

多。公共图书馆举办各种阅读推广活动之余,不能仅仅满足于活动场次、参与人次,要切实考量活动的效益和效果,活动举办是不是真正引领人们去打开一本书进行阅读。公共图书馆要"由活动的宣传、组织、策划者,转而成为阅读的引领者、指导者,对于受众来说,也将由参加各种有趣的阅读推广活动,变为坐下来踏踏实实地阅读","读者实际需要的不是精彩纷呈、热闹非凡的活动,而是安静的阅读环境和专业的阅读指导"①。只有阅读行为实际发生,让更多的人品味阅读之智、之美、之趣,公共图书馆才能更好地发挥文化治理功能。

(三)引导读者采取正确的阅读态度

当前,市民阅读存在着两种极端现象。一方面青少年阅读太功利,阅读是为了准备考试,提高成绩,提高写作水平,这种形式的阅读都规定了目标,为了完成某种任务,不会用心去感受阅读的快乐。这样反而会扼杀他们阅读兴趣,让他们失去了阅读的长久动力。另一方面是"低头族"阅读太娱乐,他们是依靠电子设备看看新闻、咨询,刷刷朋友圈,点点微信公众号,进行的都是浮光掠影、快餐式的轻阅读、浅阅读,具有很强的娱乐性,少有对人性、人生的深度思考,体会不到读书对人生的意义。文学评论者郭庆红说:"如果阅读只为追求快乐,势必造成浅阅读的泛滥,从而影响到国民的阅读质量,进而影响到国民素质。"②因此,公共图书馆要针对不同的读者采取不同的阅读引导方法。要引导青少年减少功利性,阅读不争一日之短长,重要的是生命体验,培养他们的阅读兴趣和阅读习惯。对"低头族"要引导他们深度阅读、纸质阅读、经典阅读,因为传统的纸质阅读可以养成一个人关注细节、从容淡定、融会贯通的阅读心态。阅读不能太功利,也不能太娱乐,不要为着某种实用、浅近的目的而阅读,但可以有比较远大的阅读目标,要志存高远,不计一时之得失,长久坚持阅读自然会使人受益、进步、充实、愉快,可以增加人生的宽度和厚度。阅读追求的是"无用之用"。

---

① 刘占辉.让阅读回归阅读本身[EB/OL]."图书馆报"微信公众号,2017 - 05 - 15.

② 郦亮.读者为何取"悦读"而弃"苦读"[EB/OL]. http：//news. 163. com/13/1115/13/9DNNE8S700014AED. html,2017 - 10 - 24.

8

"文教结合"在美术博物馆中的实施及其优势

郭奕华*

摘　要　根据上海市委、市政府《关于推进本市文教结合工作的若干意见》,结合落实文化、教育事业"十三五"规划和新形势新要求,上海市文广局和市教委共同制定"上海市文教结合工作三年行动计划(2016—2018年)"。计划中指出优化文艺活动与教育实践对接机制,文教双向服务、双向促进模式初步构建,共同在中华艺术宫、上海当代艺术博物馆开设跨界艺术教学实践,拓展学校艺术教育空间、丰富教学形式。该计划推动了美术博物馆公共教育的发展,也弥补了学校艺术教育的不足。

　　本文将以中华艺术宫和上海当代艺术博物馆的"文教结合"实施为主要案例,并对比其他案例,探讨"文教结合"在美术博物馆中实施的优势,指出其对完善美术博物馆公共教育功能和现代公共文化服务体系的重要作用。

关键词　文教结合　美术博物馆　公共教育

＊　郭奕华,上海艺术研究所助理研究员,从事美术研究。近年来主要观察和研究上海地区博物馆公共教育发展现状。目前正在进行的课题有全国艺术科学规划文化部文化艺术研究项目"民营美术馆在公共文化服务体系中的功能研究"。

一、"文教结合"的涵义及在美术博物馆中实施的重要意义

(一)"文教结合"相关文件的出台

2010 年颁布的《国家中长期教育改革和发展规划纲要(2010—2020)》中明确把"构建体系完备的终身教育"定为战略目标之一。2013 年,上海市文广局和市教委共同形成《关于推进本市文教结合工作的若干意见》和《上海市文教结合工作三年行动计划》(2013—2015 年)。2015 年,《国务院办公厅关于全面加强和改进学校美育工作的意见》指出,党的十八届三中全会对全面改进美育教学作出重要部署,国务院对加强学校美育提出明确要求。但总体上看,美育仍是整个教育事业中的薄弱环节。

在此前提下,《上海市文教结合工作三年行动计划》(2016—2018 年)出台,结合落实文化、教育事业"十三五"规划和新形势新要求,制定了相关的工作计划、任务和目标。这份计划指出,前一轮三年工作取得明显成效,新一轮计划要坚持"以文化人、以艺育人"的核心理念、坚持"打破围墙、资源共享"的协同机制。在前三年的基础上,进一步推进文化、教育资源的共享和合作,并遵循艺术教育规律,让青少年在艺术氛围中学习艺术,以润物无声的方式启迪思想、温润心灵、陶冶人生。在工作目标中提出"文教事业由'结合'走向'融合'"。本市宣传文化、教育系统优势互补、资源共享的协作机制进一步健全,协作意识与协作水平大幅提升,积极性、自觉性、主动性大幅增强,文化和教育事业由自发结合走向自觉融合。

自 2013 年,"文教结合"要求方针的相继出台,文化和教育系统实现了交流合作、资源整合、优势互补。从具体实施看,美术博物馆中的表现尤为突出,能较好地落实"文教结合"的要求,并取得较好的社会反响。第二轮计划的提出,并不是对第一轮计划的简单延续,而是在实践基础上的创新,是实现资源共享、互通合作的真正融合,是在发现问题后解决问题的重要阶段。它以更加主动的姿态、创新的理念和有效的行动完成计划任务,为上海建成国际文化大

都市、营造城市文化氛围、完善公共文化服务体系打下切实有效的基础。

（二）"文教结合"的涵义和国际惯例

1. "文教结合"的涵义

"文教结合"从字面意思看，就是文化与教育的结合，从上述相关文件的出台看，是宣传文化和教育部门的合作，所以它含有如下三层意思，其一是宣传部下属文化机构和教育部下属教育机构（主要指学校）之间的合作，从设立文教结合工作协调组办公室的组织领导机制，到设立各类培训平台，再到文艺活动与教育实践的对接机制，它体现出组织领导顶层设计与整体规划，是两个体系的大跨度融合。其二是文化资源和教育资源的合作，无论是人力或物力，还是空间或平台，都需要两者的优势互补，资源共享，缺一不可。其三是突破以往单一体系内部的模式，创立一种全新概念，促进艺术教育的发展，完善公共文化服务体系，并以建成国际文化大都市为最终目标。

"文教结合"涉及机构、资源和人才十分广泛，从具体实施看，主要有以下五种类型：一，学生文化素养提升。包括有艺术进校园活动、学生艺术实践基地的设立、各类文化培训活动、依托重大文艺节庆活动搭建青少年艺术实践平台等，都是以提高学生文化素养为目的，充分利用文化资源和平台。二，人才培育。包括各种培训班、专题研修班、人才工作室的设立和智库建设等，依托学校的师资力量，培养文艺人才，建设文化高地。三，美育课程改革。通过文教有机衔接，打开学校教育大门，鼓励开创新颖的、多元的艺术课程。这一过程中，既能培育学校老师的艺术和教育的技能，还能补充文化机构的教育资源，丰富美育内容，建立新的美育模式。四，激励文化创作。从校园文艺创作活动到巡演学校活动，挖掘更多的创作资源，激发学生的创作热情，为文化创作的整体发展注入新的活力。五，推广优秀传统文化。依托学校资源和非遗传承人资源，打造非遗文化传承体验平台，让青少年学习和体验非遗文化的魅力，形成"一区一特、一校一品"的文化传承格局。

2. "文教结合"的国际惯例

国际社会高度重视博物馆在国民教育特别是学校教育中的作用，重视博物馆教育已是国际社会的普遍做法。1960 年联合国教科文组织《关于博物馆向公众开放最有效方法的建议》中提到博物馆之社会地位及作用时指出:"对于博物馆为学校和成人教育所能作出的贡献,应予以承认并给予鼓励。这应通过设立适当的机构进一步系统化,这些机构负责在地方教育部门负责人与那些因其藏品性质而对学校特别重要的博物馆之间建立正式和定期的联系。"①

美国是全世界将博物馆与学校教育结合得最为密切的国家之一,从美国博物馆的起源开始就与教育密不可分,教育已经是美国博物馆的根本。1906年美国博物馆协会(现更名为美国博物馆联盟)成立时就宣布"博物馆应成为民众的大学"。几乎每家博物馆的宗旨都涉及到教育功能。尤其在馆校合作上,美国博物馆又有众多举措和行动。近年来,公立学校来自政府拨款的艺术教育经费被一再削减,为了适应这一形势,以博物馆之长补学校之不足。在一次调查中,93%的被调查者认同"博物馆是教育的活跃参与者,为儿童提供动手学习和校外游览的经历,博物馆已成为公共学校教师们课堂教育、课后节目和职业发展的好伙伴"。现有 88%的美国博物馆提供"K‐12"(幼儿园至 12年级)教育项目,70%的博物馆在过去 5 年中增加了面向学校、教师和学生的服务,典型的博物馆每年为学生提供 100 至 233 小时的辅导服务,按保守估计,全美博物馆每年共为学生提供 390 万小时的服务。美国博物馆已经成为从小学生到研究生名副其实的第二课堂,各种层次的学生都有相当一部分正式课程是在博物馆的展厅、教室、库房、图书馆等地进行的。②

日本博物馆协会在 1999 年公布的有关日本博物馆发展状况的白皮书中称,日本的博物馆存在着各馆之间发展不平衡、社会基础薄弱、给人的印象生硬以及游离于日常生活等四大问题。面对不容乐观的现状,日本博物馆业界开始寻找出路,首先就是要确定博物馆在新时代的定位。日本博物馆业界认为,21 世纪的博物馆应该能够应对民众在"知识社会"时代的新需求,应该能

---

① 国家文物局博物馆司调研组:《关于将博物馆纳入国民教育体系的调研报告》,2010 年。
② 参见段勇:《美国博物馆的公共教育与公共服务》,《中国博物馆》2004 年第 2 期。

够与民众一起创造新的价值,为民众的终生学习活动服务。另一方面则致力于采取一系列措施贴近民众,吸引更多的人跨进博物馆的大门。日本的博物馆业界将"对话与合作"作为运营的基础,探索如何打造一个"人人都可以轻松利用"的博物馆。多数博物馆都与附近的大中学校结成对子,为学校提供免费参观等服务或是到学校举行讲座普及博物馆的知识。如东京国立博物馆就与东京大学等21所学校结成了这样的对子。①

法国"星期三现象"是法国素质教育的一大亮点。每逢周三下午,法国的小学和初中都不开课,学生都走向社会大课堂。博物馆里,简直成了学生专场。一群群孩子们怀着崇敬的心情步入艺术殿堂,在教师和博物馆讲解员的引导下,睁大眼睛去发现真善美的世界。法国教育部新闻处官员贡巴雷谈到"星期三现象"时说,这是素质教育的一部分。法国自二战后开始实施的素质教育,包含体育、公民义务与权利、道德、科学、艺术等多方面内容。经过几十年的发展,法国以科技大国与文化大国的形象屹立于世,探索其成功原因,不能不提及素质教育。②

英国自《1988年教育改革法》颁布后,教育管理体制发生较大变化。其中,最引人注目的改革措施是推行国家统一课程。该法规定:在义务教育期间,学生必须学习国家统一课程,包括10门基础学科,即数学、英语、科学、历史、地理、技术学、音乐、艺术、体育和现代外语。在此背景下,各博物馆根据"国家课程"标准制定了教育手册,针对不同学龄儿童,与学校课程连接,并提供给教师使用。③ 2006年11月,英国政府在自然历史博物馆发布了"课堂之外的学习"宣言,其中提出:学生除了学习学校必修课程外,还有大量的知识要在课外学习,目的是鼓励学校充分利用校门外的学习机会。在该宣言发布之前,英国雷萨斯特大学博物馆系曾在2006年完成了"学生参观博物馆的益处"和"今天你在博物馆学到了什么"两大课题研究。在对26791名小学生的问卷调查中发现,学生参观博物馆的热情不仅仅在于坐校车旅行,还因为他们

① 参见严圣禾:《日本博物馆努力贴近民众》,《光明日报》2007年5月27日。
② 参见韦坚:《法国博物馆的儿童教育》,《中国文物报》2012年1月25日。
③ 郑奕:《博物馆教育活动研究》,复旦大学出版社2016年版,第71页。

需要为参观而完成包含更高一层知识水平的作业。雷萨斯特大学博物馆系博物馆研究中心负责人朱斯里·道得说,博物馆是沟通观众与展览的桥梁,它能为学生们所做的就是从不同角度拓宽他们的视野。[①]

(三)"文教结合"的现实需求

1. 完善美术博物馆教育功能的需求

2012 年,中华艺术宫和上海当代艺术博物馆的建成和开放基本奠定了上海美术博物馆体系,即上海博物馆展示古代艺术,中华艺术宫展示近现代艺术,上海当代艺术博物馆展示当代艺术。无论是作为现代博物馆建设的需要还是公共文化服务完善的需要,博物馆公共教育的加强和完善成为首要工作。尤其是作为新馆的中华艺术宫和上海当代艺术博物馆更需要全面开展公共教育工作,实现其重要的公共教育功能。

2. 满足公众对艺术教育的需求

随着城市经济的快速发展,市民的物质生活水平也得以不断提高,随之而来就是公众对精神文化的需求。在满足公众的文化需求中,艺术教育成为其过程中的重要一环。"文教结合"能够联动文化和教育体系,能为公众提供既丰富又多元的文化服务内容,在社会发展现阶段,能及时解决公众对艺术教育的需求。

二、"文教结合"在美术博物馆中实施的特点和形式

(一)"文教结合"在美术博物馆中实施的特点

1. 全民的、终身的教育

美术博物馆的教育功能面向社会全体公民,体现博物馆作为公共文化机构的公共性和教育性,这是现代博物馆最重要的特征之一。"文教结合"在美

---

① 李宏坤:《英国:博物馆之旅见成效》,《上海教育》2009 年 Z1 期。

术博物馆中的实施,针对教育对象的不同需求,策划不同形式和内容的公共教育活动,突出博物馆的教育功能。甚至为了实现更好的教育服务,走出博物馆固定空间,拓展至学校领域。

2. 形式多样的公共教育

"文教结合"利用文化和教育的资源整合和优势互补,在博物馆的实施中凸显博物馆不同于学校教育的优势,以补充学校教育的不足。美术博物馆中形式多样的公共教育活动,有常规的导览、讲座,还有亲子活动、工作坊、分享会、体验活动等,更立体地施行艺术教育。这也充分体现了美术博物馆的管理和运营从"以馆建为中心"转变为"以观众为中心"的结果,体现了观众角色和管理方向的转变。

3. 以探索、体验和实践方式为主

从类型上看,美术博物馆中的教育活动,通常以参与者的探索、体验和实践为主,区别于学校教育中以老师传授知识为主的教学模式。如果说学校教育以文本为主,那么美术博物馆就是从"物"出发,更加注重参与者的体验和实践,以达到激励参与者自我学习、思考、领悟的教学目的。尤其是艺术教育,单从文字和图片的学习是远远不够,它必须通过对艺术作品的直观感受,甚至通过自身手工体验,才能真正感受艺术的魅力。这种启发性、引导性的学习模式,能够激发学生的想象力和创造力,实现与学校教育的优势互补。

4. 适应社会需求的多变性

因学校教育纲要的相对稳定性,对迅速发展的社会新事物和现象无法做出迅速反应。"文教结合"的实施就能弥补这一缺陷。美术博物馆公共教育能够根据社会热点和公众话题做出快速回应,对大众的需求提供及时的文化服务。这是博物馆作为公共文化机构应有的责任,能及时解决公众对艺术问题的疑问,在艺术普及的过程中缓解社会矛盾。

（二）"文教结合"在美术博物馆中实施的形式

从目前美术博物馆公共教育情况看,"文教结合"的实施丰富了公共教育内容,更积极发挥出艺术教育功能。具体地说,它可分为以学校教学计划为主、以博物馆艺术教育为主和两者共同策划三种形式。

1. 以学校教学计划为主,即在学校课程计划中设置美术博物馆作为教学辅助场所的课外教学实践,依托美术博物馆展览资源,最普遍的做法就是实地参观美术博物馆

这种形式最为常见,但效果并不理想。首先,从学校课程设置安排来看,执行实地参观就等于完成教学任务,对教学目标和成果并没有明确的要求。其次,因不同的展览内容和艺术类型,涉及到专业问题,学校的带队教师很难有效地对学生进行讲解和引导。此类参观活动,基本上就以自由参观为主,全凭学生的自觉性和主动性。再者,从博物馆角度看,面对学生参观团队,它的处理办法和面对所有团队几乎是一样的,即配备导览或志愿者引导服务。要求它针对不同年龄层的需求给予不同的教育服务,现阶段几乎不可能完成。

2. 以博物馆公共教育计划为主,从自身展览和藏品出发,依托学校教育人才,实行针对性的教育活动,发挥出美术博物馆的优势

这类形式的优势在于能够将博物馆藏品资源与学校教学内容实现联通,为学生提供一种更加立体的、多方位的教学模式。随着近年来,博物馆公共教育理念的逐步强化和公共教育功能的逐渐完善,作为全民终身教育的重要平台之一,博物馆在公共教育项目上呈现出多样化和类型化的发展趋势。以针对学生的公共教育为例,美术博物馆开始注重针对不同年龄段的教育需求和特点,策划相应的教育活动。

案例 1:中华艺术宫"走进艺术宫"项目

为实施第二轮"文教结合三年行动计划",中华艺术宫继续深入推进"走进艺术宫"项目,旨在让广大学生走进艺术殿堂,感受艺术文化,学习专业知识,提升综合素质。以 2016 年第四季活动 11 月活动为例(见表1)

此项活动充分利用美术馆自身空间资源、藏品资源的优势,并积极联合职业学校的教育人才,形成涉及多种门类、形式和内容的美术馆公共教育活动。它解决了美术馆教育人才缺失的现实问题,以资源共享和合作的模式实现了美术馆公共教育的多元化发展。

表 1　中华艺术宫"走进艺术宫"项目 2016 年 11 月活动情况 *

场次	公开课	授课老师	内　容	地　点
11月场	语文课：莲说荷梦	肖新凤(上海商业会计学校语文学科教学硕士)	从谢稚柳、吴冠中绘画中的荷花，到雕塑《莲说》，引导学生探寻荷梦及荷花的生长力量，了解荷花的精神。	谢稚柳展厅、吴冠中展厅
	英语活动课：剪纸中的中国传统文化	陈洁莉(上海商业会计学校英语高级讲师)	让学生掌握用英语介绍剪纸以及其中的吉祥图案、中国生肖和传统节日文化知识等。	美术教育长廊(剪纸展示区)
	语文课：画中有"话"画中有"情"——艺术宫里"说"动画	俞露(中华职业学校中学一级教师)	掌握欣赏中国动画的角度——传统元素的运用、色彩的搭配、脸谱的喻义等；学习动画隐藏的"语言"以及动画的传承与创新。	上海美术电影长廊
	美术欣赏、体验课：解读艺术宫名画密码	徐本方(上海市商贸旅游学校美术高级教师、画家)	通过展现珍贵的画家手稿，解密作品的诞生经历；通过油画绘制，体验绘画工具与画面效果之间的关联。	0米层展厅、图书阅览室

* 资料来源：作者编制

　　其中有一场语文课《莲说荷梦》独具创新性。上课地点位于中华艺术宫谢稚柳、吴冠中艺术展厅。老师从谢稚柳、吴冠中的荷花作品讲起，引导学生从观察荷花的形态，探寻荷花的构成和生长规律，从而了解荷花的精神内涵。在这一过程中，学生通过视觉上的直观感受，结合课堂上学过的文章、诗词，更加立体地认识荷花这一植物，也更深入地理解古人投射于荷花的情感表达和精神追求。授课老师既不是馆内的工作人员，也不是学校的语文老师或是美术老师，而是一位来自上海商业会计学校的语文学科教学硕士。

　　这种全新的教学模式完全不同于以文本为主的学校课堂教育，体现以注重学生综合素质培养的综合性教育理念。课程涉及文学和绘画，更重要的是它跳脱传统教学模式，不只传播知识，而是追求审美和人格的培养。这类公共教育活动展现了资源共享和跨界合作的新举措,也探索出一种全新的艺术教育理念,尤其是在美术博物馆空间中,充分利用馆藏资源而实现的教育创新。它呈现了作为美术馆公共教育的特点和优势,与学校教育模式形成互补。从艺术教育角度来说,更是拓宽了学生对于艺术的体验和感悟,体现培养综合素养的最终目标。

虽然该项目的创新和突破值得鼓励和推崇,但其缺点仍然十分明显。它最大的不足之处在于辐射范围小,推广难度大。如何使它形成相对固定的课程教材,促成可持续性发展模式呢? 中国国家博物馆的《漫步国博——史家课程》案例,可以提供另一种思路。

对比案例2:《漫步国博——史家课程》

2013年9月,史家小学与中国国家博物馆正式签约,共同开发适于小学生学习和使用的博物馆课程教材——《漫步国博——史家课程》。这本课程是史家小学同国家博物馆共同合作的课程项目,由博物馆的研究人员和小学老师共同讨论开发,一起编写教材。教材内容不仅针对美术课程,还充分利用博物馆资源,开发出多学科的教学内容。2012年,史家小学的老师们就同国博的研究者们一起备课,挑选文物,研究课程标准,制定合理又可操作的教学方案,并在不断的实践中修改和完善。

在签约仪式上,史家小学校长王欢如此说道:"如果将国家博物馆中那些记录着中国历史更替、记载着科技发展历程、彰显传统艺术、体现古人智慧的文物,与学校里的教学内容相对接,将其有效地引入到学校的课堂中,那么,我们的孩子们将会获益匪浅!"

事实上,在国博上课,不仅有学校老师的指引,还有博物馆讲解员们的指导。这就需要博物馆工作人员也进入到学校课程当中,学习教学技巧,配合学习老师共同完成教学任务。国家博物馆社会教育宣传部相关负责人表示:"如此双师教学,我们博物馆工作人员的工作任务更重了。我们的工作人员以往只是负责展品讲解,而对于课堂授课了解甚少,这是博物馆在与学校合作过程中工作的难点。为了克服困难,我们的相关工作人员做出了很多努力,他们跟史家小学的老师共同备课,切磋教学技巧,通过合作共同完成完整的授课教学。"①

国博的《史家课程》是博物馆根据固定展品进行策划的公共教育经典案例。它结合了学校的教育师资和博物馆的研究资源，形成一种适合在博物馆现场教学的教材，有效地发挥了博物馆的藏品资源和学术资源，也对课堂教学进行有效的补充。虽然它的前期策划工作时间长、投入大，可一旦成形，就能不断复制，并形成常态化的工作机制，实现可持续性发展模式。该模式便于复制和推广，辐射面极大，受众群会不断扩大。

3. 博物馆研发公共教育活动，打造自主品牌，引领社会艺术风尚

博物馆充分发挥自身艺术优势，立足打造自身教育品牌，既完善其艺术教育的功能，又发挥作为公共文化主体的公共服务功能。

案例 3：上海当代艺术博物馆（以下简称 PSA）"电场 12 小时：心电运动"

2017 年 10 月 1 日，是 PSA 开馆五年的日子。PSA 特别策划周年活动"电场 12 小时：霹雳舞"，开启周年狂欢派对。周年狂欢活动是 PSA 自主研发的特色活动，自 2012 年开馆以来每周年纪念日都会策划主题活动（见表 2）。

表 2 　PSA 周年纪念日活动主题一览*

2012 年 10 月 1 日	活动主题"重新发电"
2013 年 10 月 1 日	启动"电场 12 小时"文化马拉松
2014 年 10 月 1 日	活动主题"时间游戏"
2015 年 10 月 1 日	活动主题"充电，发呆"
2016 年 10 月 1 日	活动主题"心电运动"
2017 年 10 月 1 日	活动主题"霹雳舞"

*资料来源：作者编制

从第二年开始，PSA 就推出"电场 12 小时"特别活动，成为 SPA 与市民每年固定的约会。活动当天，PSA 延长对公众开放的时间。从上午九点至晚上九点，从展览到特别导览，从经典回顾到实验专场，为不同年龄的艺术爱好者们提供特别策划的公共文化艺术教育活动。以 2017 年五周年的"霹雳舞"活

---

① 参见刘卓荣：《国家博物馆的教育体验区打开小学生的一扇窗》，《光明日报》2014 年 5 月 27 日。

动为例(见表3):

表3　PSA2017 五周年"电场 12 小时：霹雳舞"活动 *

形式	主　要　内　容	参　与　方　式	区域
展览	PSA 霹雳 5 周年展：系统梳理了五年来不间断"供电"的日日夜夜。	参观。以"集印寻宝活动"与观众们进行互动，可在前台领取寻宝手册。	馆内各个区域
	电厂的故事(1897—2017)：通过老照片和文献向观众们呈现这座电厂从官办南市电灯厂到上海华商电气公司，再到国营南市发电厂，继而改造为上海世博会之城市未来馆，最后到 PSA 这段历史，透视出电厂在上海向全球城市转变过程中所扮演的角色。	参观。	烟囱
导览	常规公众导览、小蜜蜂导览、建筑专业导览、原南市发电厂工作者唐阿姨独家"电厂故事"导览。	参观。	各展厅
声音	第八季 1 吨半"V5 频率"：以"听音乐，长力气"为宣言，邀请具有实验精神的音乐人和声音艺术家在当代艺术的空间内调动视觉、听觉和触觉。	观赏。需预约。	三楼小剧场
互动	发呆营：印 in 版画活动营、鸟客行动、五元店、尬舞。	任意发呆。	各区域
亲子	霹雳宝贝：行走的建筑——肢体搭建剧场。活动包含了肢体即兴、创意搭建、霹雳走秀。小朋友通过互动游戏探索身体、建筑、服装三者的联系，并构建出新肢体剧场。激发小朋友们获取重新认识世界的目光，发挥日常想象力至美学高度。	亲子互动游戏。上下午各一场。对象：5—12 岁（每场 30 组家庭，每组家庭限额一位萌娃、两位家长）。需预约，未预约成功可围观。	一楼大厅集合

*资料来源：作者编制

"电场 12 小时"活动内容丰富,形式多样,适应不同参与者的需求。发呆、听音乐等活动,形式新颖独特,突破传统博物馆的常规活动,体现了 PSA 作为一家当代艺术博物馆的独特气质,打造出极具创意、风格独特的文化活动品牌。这一天的活动就像是城市艺术狂欢节,营造出轻松愉快的艺术氛围,吸引市民的参与,发挥了 PSA 在城市公共文化的服务功能。

4. 高校与美术博物馆实施合作项目,以实现科研成果和教学成果向社会展示和推广的效应

此类形式是文化和教育的真正融合,双方都扮演着重要的角色。尤其是人才资源和管理机制的融合,是两者的深入合作,对艺术教育的提升和社会资源的利用具有重要的推进作用。

事实上,这样的合作很早就被提及,但长期处于口头和文本中,很难真正落实。2017 年,上海美术学院在"文教结合"工作的推进下做了一次大胆尝试,它与四家文化单位建立合作关系,走出融合发展的重要一步。

案例 4：上海美术学院"文教结合"建设四个中心

2017 年 7 月 6 日,上海美术学院与上海市教委、市文广局及中华艺术宫、刘海粟美术馆、上海中国画院、上海油雕院签署合作共建协议,合作内容包括各美术馆为上海美术学院提供展览空间,并支持上海美术学院参与第十二届中国艺术节、"开天辟地——中华创世神话"文艺创作与文化传播工程、城市文化氛围营造等重点工作。此次,将合作共建细化到文教结合建设的四个中心——中国书画教学创作研究中心(上海美术学院、上海中国画院)、现当代艺术研究中心(上海美术学院、中华艺术宫)、刘海粟研究中心(上海美术学院、刘海粟美术馆)、近现代美术历史文献研究中心(上海美术学院、上海油画雕塑院)。

以刘海粟美术馆于 2017 年 10 月举办的《'看不见'的美术——中国近现代美术资源研究系列展》之《蔡谦吉文献展》为例,它呈现出上海美术馆与刘海粟美术馆合作建设的刘海粟研究中心推进"文教结合"的成果。此展展示了上海美术专科学校学生蔡谦吉的绘画作品和相关文献,展现上海美专在 20 世纪 20、30 年代的教学情况,对研究上海近现代美术有重要的文献价值。

从美术馆展览角度看,因依托上海美术学院"都市艺术资本"工作室的学术资源,展览的学术研究含量较高。从高校研究角度看,通过展览向社会推广其研究成果和城市文化资源,拉近了高校象牙塔和社会公共文化之间的距离。此系列首展对认识中国近现代美术资源、艺术资源的保护和转化再生、推广公

共文化资源和城市文化自信的培养,都有重要意义。

此类形式的问题是,展览以高校团队为主体,美术馆处于相对被动的角色。除了提供场地、策展服务之外,美术馆如何发挥自身优势,提高展览的社会推广度和教育辐射面,值得进一步思考和研究。

三、"文教结合"在美术博物馆中的优势和未来趋势探讨

(一)目前"文教结合"实施的优势

在上海市"十三五规划"中提到"增强城市文化软实力"的目标,具体地说,要把文化软实力作为提升城市核心竞争力的重要因素,尤其是建设现代公共文化服务体系。以需求为导向,扩大社会力量参与,加强多层次公共文化供给。鼓励公益性文化活动和艺术普及教育,提高市民艺术鉴赏能力,培育未来观众。

"文教结合"项目的实施切实落实了为市民提供优质文化服务、艺术普及教育的公共文化服务内容,并将这些具体内容在公共文化机构得以实现。它不仅调动了文化机构的能动性和创新性,更是将文化资源实现社会全民共享。

1. 实现了社会资源的整合和优势互补

"文教结合"项目的实施,不仅仅是文化和教育体系表面的合作,而是从社会文化发展进程和市民文化需求出发而制定的开拓性、融合性的工作机制。这种合作机制能激励双方的合作,也实现了文化资源和教育资源的有效整合。在充分发挥两家优势的同时,实现了两者的互补。更重要的是它促成了文化发展的新理念,以适应市民文化需求的快速提升。

2. 推动了艺术教育的立体化和社会化发展

2010年《国家中长期教育改革和发展规划纲要(2010—2020年)》的颁布,提出"充分利用社会教育资源,开展各种课外及校外活动"的重要内容。但是在具体实施中面临着多方面的困难和瓶颈。"文教结合"项目的实施和推进,是对艺术教育开拓发展的一种尝试和实践,利用文化资源促成艺术教育的社

会化和立体化发展。

艺术教育是一种综合性的、长期的、启迪性的培养，在现有的学校教育体制中无法充分施展。公共文化空间和文化资源为艺术教育提供了更加广泛的土壤和培育途径，促成艺术教育从自身特点出发，并弥补了学校艺术教育的不足。同时，利用社会资源发展艺术教育的模式，体现了艺术教育不局限于学校教育，拓展成为社会化的发展趋势。

3. 推动美术博物馆公共教育的发展

2016 年 1 月，在文化部艺术司支持下，由中国美术馆、山东美术馆联合主办、中国博物馆协会美术馆专业委员会协办的"协调·合作——2015 年全国美术馆公共教育年会"上，探讨了新形势下美术馆公共教育工作如何更好地服务于提升国民素质和社会文明程度的总体目标。文化部艺术司文学美术处长刘冬妍提出："美术馆不仅承担着美术作品的展示功能，更承担着对于国家近现代以来视觉文化成果的研究梳理、收藏保护、交流推广、公共教育的重要职责，是使人民群众共享美术发展成果、实现公共文化服务的重要平台之一。公共教育是美术馆最重要的社会职责之一，美术馆应在整合自身藏品、展览、学术等优势资源的基础上，积极探索开展内容丰富、形式多样、更具针对性的美育教育。"①

"文教结合"项目的实施，为美术博物馆公共教育的发展增加了新的动力和活力，在充分利用教育资源、教育人才的基础上，切实有效地开展教育活动，使其公共教育更加规范和成熟。

4. 促进了公共文化服务体系的完善

从表面上看，"文教结合"促成了美术博物馆公共教育的完善和成熟，提供多层次、多样化的公共教育，体现了博物馆作为公共文化机构的教育功能。实际上，从文化发展层面看，它推动了公共文化服务体系的完善，为实现全民文化素养的提升和城市文化氛围的营造起到至关重要的作用。

---

① 张欣然：《要坚持"以观众为中心"的理念——"协调·合作——2015 年全国美术馆公共教育年会"述评》，《中国文化报》2016 年 2 月 5 日。

在日益激烈的综合国力竞争中,文化软实力是衡量着综合国力的重要因素。因此,公共文化服务体系不仅仅提供公众需要的文化服务,还应该将提高公众文化素养作为目标,将弘扬社会主义核心价值观、传播正能量作为核心内容,引导人民提升文化自信。

博物馆作为城市中重要的公共文化设施和公共空间,是公共文化服务体系中的重要组成部分,它所提供的艺术普及和审美教育的重要职能,在提升城市文化软实力、增强市民文明素质和满足市民文化需求中扮演重要角色。因此,博物馆公共教育功能的完善,不只是一座美术馆管理上的改良,更是城市文化发展进程和文明程度的综合体现。

(二)"文教结合"未来发展趋势探讨

1. 充分利用民营文化资源

"上海市文教结合工作三年行动计划"的两轮实施,在美术博物馆的落点设于中华艺术宫和上海当代艺术博物馆。自 2013 年计划实施以来,两家博物馆在公共教育的发展和推广上有明显进步。但是凭这两家公立博物馆的公共教育资源,覆盖整座城市的公众文化需求是远远不够的。

近年来,上海地区民营美术馆的崛起为城市文化氛围的营造和艺术空间的提升发挥出重要作用。事实上,民营美术馆在公共教育的研发和实践上相对更早,无论是上海民生现代美术馆的"诗歌来到美术馆"、上海当代艺术馆的"艺术亭台",还是上海喜玛拉雅美术馆的"流动美术馆"、上海外滩美术馆的"教育工作坊"项目等都有不错的创新和突破。

"文教结合"的未来发展必须利用民营美术馆等民营文化机构的文化资源。通过为民营文化机构和教育资源合作平台的搭建,增加"文教结合"的社会辐射面,推动艺术教育的发展,也能促进现代公共文化服务体系的建成和城市文化氛围的营造。

2. 社区文化氛围的营造

2011 年 7 月,英国博物馆协会调查委员会针对英国艺术委员会新颁布的《长期战略框架》,在协会官网上发布了"博物馆影响力调查问卷"。结果显示，"社区参与"名列博物馆影响力榜单首位。英国博物馆协会政策部门主任莫里斯·戴维斯说："通过这些调查结果，英国艺术委员会意识到博物馆与社区合作的重要性。博物馆虽然不能选择其活动的参与者，但却可以将特定的参与对象定为机构的奋斗目标。"①

展开上海城市文化地图，虽不能真正实现每个地区文化资源的完全均等，但各区县的文化场馆基本做到了全覆盖。如果每个文化场馆都能承担起该地区的文化服务职能，则整座城市的公共文化才能真正实现繁荣。尤其是美术博物馆，它的展览资源和艺术氛围能够对该地区的文化氛围营造和市民文化素养培育起到重要作用，它应发展成为该地区文化认同的核心角色。

目前，上海"文教结合"计划在美术博物馆空间中的实施，对整座城市的公共文化教育需求来说，其社会效应仍十分有限。想要突破现有效应，就必须突破现有空间，拓展至更大的社会空间中。尤其是中小型美术博物馆，虽然规模小、建筑空间和文化辐射范围有限，但是它们身处市民的生活圈，更贴近社区，更贴近市民生活。中小型美术博物馆，应充分发挥出它们的优势，走出场馆固定活动，有效运用社区公共空间和环境，承担起社区文化服务和艺术教育的责任。事实上，美术博物馆关注社区文化氛围的营造、社区居民的文化需求，建立社区的文化认同和归属，才真正实现其作为公共文化机构的公共属性。

"文教结合"是上海市委、市政府根据国家文化战略、社会新形势，为落实文化、教育事业的发展而做出的重大部署，是政府层面提出的文化发展重大举措。从目前推进情况看，该行动计划获得不俗的成果，它既符合国际惯例，又能满足当下的文化需求，还激励文化创新。它的提出和落实，不仅是文化和教育体系表面上的合作，而是从新形势下的文化教育需求出发，促成了两者资源的整合和优势互补。"文教结合"为美术博物馆公共教育的发展和突破提供了一种新的模式和路径，促成了美术博物馆开展艺术教育的实践，对博物馆教育功能的开发和完善有积极的推动作用，更有助于提升博物馆在公共文化服务体系中的重要地位。

---

① 转引自郑奕：《博物馆教育活动研究》，复旦大学博士学位论文2012年。

参考文献

［1］曹意强主编：《美术博物馆学导论》，中国美术学院出版社 2008 年版。

［2］郑奕：《博物馆教育活动研究》，复旦大学出版社 2015 年版。

［3］宋娴：《博物馆与学校的合作机制研究》，上海科技教育出版社 2016 年版。

［4］单霁翔：《从"数量增长"走向"质量提升"——关于广义博物馆的思考》，天津大学出版社 2014 年版。

［5］蓝庆伟：《美术馆的秩序》，广西师范大学出版社 2016 年版。

［6］［美］爱德华·P. 亚历山大：《美国博物馆：创新者和新驱》，陈双双译，译林出版社 2016 年版。

［7］［英］艾琳·胡珀-格林希尔：《博物馆与教育——目的、方法及成效》，蒋臻颖译，上海科技教育出版社 2016 年版。

9

藏品利用在美术馆提升公共文化
服务能级中的作用

张 悦*

摘 要 藏品是美术馆立馆定位、学术主张的重要体现。随着本市美术馆事
业的蓬勃发展,各级国有和民营美术馆围绕藏品做足文章,逐渐确立
了以藏品研究为核心的业务体系,通过举办丰富多彩的藏品展览和
公共教育活动,传承海派文化精神,弘扬中华优秀传统文化。目前,
针对新时期美术馆自身发展的需求,结合本市现状,各级各类美术馆
正以建立数字化藏品档案、设立藏品固定陈列区、举办藏品临时特
展、开展公共教育活动、建设数字美术馆为抓手,积极探索美术馆藏
品研究与利用的新途径。未来几年,本市美术馆应立足国际文化大
都市的发展目标,进一步激发自身在公共文化服务体系中的潜能,深
挖藏品资源,激活藏品资源,传播藏品资源,加强藏品的活化力度,使
艺术财富惠及百姓,促进美术馆公共文化服务能级有效提升。

关键词 美术馆 藏品 公共文化服务能级

　　美术馆藏品是指具有收藏、研究、展示价值的艺术作品等的总称。对美术
馆而言,藏品是立馆之本,是各馆学术主张的基石。围绕藏品开展的收藏、研
究、展示等一系列工作构成了美术馆的主要业务。在文化部 2014 年修订的

---

* 张悦,上海市文化广播影视局艺术处主任科员,主要从事美术馆行业管理、美术创作管理与艺
术科研管理等研究。

《国家重点美术馆评估办法》中，明确将美术馆"藏品的数量与质量、管理与保护，展示与利用及研究情况"列为主要评估内容。2017年3月起实施的《公共文化服务保障法》提出："公益性文化单位应当完善服务项目、丰富服务内容，创造条件向公众提供免费或者优惠的文艺演出、陈列展览、电影放映、广播电视节目收听收看、阅读服务、艺术培训等，并为公众开展文化活动提供支持和帮助。"

由此可见，"藏品"不再是"藏"品，而是美术馆向公众讲述文化故事的载体。在讲述与传播的过程中，观众的参与度和获得感与日俱增，藏品的价值得以体现，美术馆的公共文化服务能级也因此得到提升，从而体现在国际文化大都市建设中的作用。本文将围绕本市美术馆藏品利用的现状、途径展开梳理，对藏品利用在提升美术馆公共文化服务能级方面的作用提出思考。

一、藏品利用现状

截至2017年9月，本市共有各级各类美术馆78家，其中，国有美术馆18家，民营美术馆60家。近年来，在市文广影视局的指导下，本市美术馆以文化部的藏品普查工作和全国美术馆馆藏精品展出季为契机，着力挖掘藏品资源，初步实现了藏品惠民的效果。

（一）逐步确立馆藏研究的核心地位

本市美术馆在以展出季项目呈现藏品普查工作成果的同时，积极响应文化部号召，率先在国内推出藏品固定陈列区，主要由馆藏作品组成且有逐渐增长的趋势，显示出本市美术馆日益重视收藏工作，也认识到将馆藏作品对公众予以展示的重要性。例如中华艺术宫《海上生明月——中国近现代美术之源》、刘海粟美术馆《"再写刘海粟"艺术大展》、朱屺瞻艺术馆《朱屺瞻书画精品展》、龙美术馆《革命的时代——龙美术馆藏红色经典艺术大展》。此外，部分因场馆面积等原因无法呈现固定陈列的美术馆也对馆藏作品进行了梳理，如陆俨少艺术院《典·藏——陆俨少书画文献捐赠回顾特展》。

（二）充分挖掘海派美术资源

近年来,本市美术馆在初步完善纵线艺术史布局的基础上,逐步深挖地域艺术资源,着力打造以海派艺术为特色的美术馆格局。2016 年,本市美术馆策划多个立足于海派美术的个案研究,涉及刘海粟、丰子恺、程十发、陆俨少、韩天衡、朱屺瞻等海派书画大师。这些展览以馆藏作品研究为出发点,重新挖掘地域美术资源,积极探索馆藏品活化和利用,依托书画作品和文献资料的集中展示,与多样化社会资源有效对接,展现中华优秀传统文化,传承海派历史文脉,延续了海派艺术的生命力,扩大了海派艺术的全国影响力。

（三）高度重视公共教育功能

本市美术馆将对公众的审美素养普及等教育功能纳入发展规划,充分发挥公共教育活动的桥梁作用,积极打造美术馆教育平台,推出了"中华艺术宫之约"、上海当代艺术博物馆"一吨半"、徐汇艺术馆"美育卡"等具有全国影响力的公共教育品牌。配合藏品展览的公共教育活动更是精彩纷呈。以刘海粟美术馆为例,配合《"再写刘海粟"艺术大展》,举办公共讲座 3 场,"影视荟"刘海粟纪录影像播映 116 场,"艺术剧场"艺术赏析 1 场,"艺粟工坊"手工坊 4 场,"艺临其境"绘画临摹 2 场,参与人数近千人。

（四）不断完善馆际合作机制

市文广影视局积极响应文化部关于全国美术馆藏品资源共享的倡导,以"1+16"美术馆资源合作机制为抓手,打破自身馆藏资源局限和束缚,深入加强馆际间的交流,重视馆际资源的梳理与配送,实现文化惠民目标。经过这几年的成熟运作,各美术馆已将合作资源由本市拓展到全国范围。刘海粟美术馆牵头成立的"长三角美术馆协作机制"集聚了近三十家美术馆的学术力量与藏品资源,近年来相继在上海、常州、顺德等地举办了《水之魅——刘海粟美术馆分馆馆藏书画精品展》《墨香·河韵——刘海粟美术馆分馆馆藏苏州河系列书画作品展》,使各地人民感受上海苏州河的浓郁韵味。

二、藏品利用的途径与意义

（一）建立藏品数字档案

实现美术馆藏品有效利用的前提是藏品数据的科学化整理与录入。基于全国美术馆藏品管理工作的现状,文化部于 2013 年底启动全国美术馆藏品普查工作,普查的范围是我国境内(不包括港澳台地区)文化行政部门归口管理的各级各类国有美术馆在普查标准时点 2013 年 12 月 31 日所收藏的已入账的藏品。民营美术馆及私人藏品不在此次普查范围内。普查登录的主要内容是：藏品名称、类别、作者、创作年代、质地、尺寸、质量、主题、工艺技法、形态、题识、完残程度、保存状态、实际数量、来源方式、收藏单位、入藏时间、藏品编号等,同时收集藏品图像资料和收藏单位主要情况。此项工作是文化部于"十二五"期间实施的"国家美术收藏"的重要组成部分,也是建国以来首次全国范围的美术馆藏品普查工作,普查工作领导小组组长由文化部部长雒树刚担任。普查工作旨在实现美术馆收藏的标准化和信息化,侧重摸清家底、保障文物安全,充分发挥藏品的社会效益,提升各馆业务能力。普查成果将以普查目录、普查数据库,以及应用服务平台的形式得以展现。全国 328 家美术馆参加普查工作。

根据文件要求,本市 14 家参加普查的国有美术馆应上报藏品数据为 23 571 条,在全国省区市中仅次于广东和北京。其中,中华艺术宫被文化部确定为普查试点单位。普查工作启动后,市文广影视局立即成立了上海市美术馆藏品普查工作领导小组,根据普查工作要求,对上海 14 家参加普查的国有美术馆进行业务指导与督查。2014 年底,市文广局组织召开本市普查工作动员会,对本市美术馆藏品普查工作进行部署。2014 年 12 月至 2015 年 2 月,本市参加普查的单位派员参加文化部普查培训。2015 年 12 月 4 日至 5 日,普查工作专家组来沪调研,表示上海的普查工作在进度和质量上都居于全国领先位置：一是各级领导重视,及时成立领导小组,公布实施方案;二是认识到位,将藏品普查从国家任务上升到公共文化服务体系建设的高度;三是基础扎实,各馆日常典藏工作操作规范；四是工作创新，如采用合作与购买服务等方式克服人手不足的困难。专家组强调，中华艺术宫在藏品管理上的创新，形成了"全国最标准、最领先"的藏品管理经验，可以为全国美术馆藏品普查与管理工作起到积极的示范和引领作用：一方面通过普查完善了藏品管理制度，深化出台了三十余项管理标准，在藏品借展、研究、拍摄、复制等各个环节落实标准化管理；另一方面率先建立了藏品纸质档案，同时实行了藏品信息化管理。

截至 2017 年 6 月 30 日，本市普查单位实际上报藏品数据 29 309 条，完成率 124.3%，顺利完成了普查第一阶段的工作任务。各单位以普查为契机，完善藏品的登记著录，建立功能完备的藏品数字与纸质的数据库，建立藏品登记著录标准，率先开展藏品数据的自我核验工作，持续完成新入藏作品的数据采集上报工作，确保藏品档案万无一失，为未来国有美术资源数据库建设打下良好基础。随着普查工作的推进，各美术馆的信息系统建设和数字美术馆工作也得到进一步完善。

（二）设立藏品固定陈列

长期以来，美术馆以举办展览为核心业务，往往一味追求展览的数量而忽视了质量，造成展览展期短、更替频繁的现状，展览的筹备工作也比较仓促，学术准备不充分。上述区别于博物馆的根本之处，使美术馆展露出展览馆的弊端。

举办固定陈列，是将美术馆最核心、最重要的藏品向公众长期陈列。近年来，越来越多的美术馆在开馆伊始，就在馆内专辟固定陈列展区，极大地提高了核心藏品的利用率，终年无休地向观众讲述藏品的故事。中华艺术宫充分利用场地优势，推出一系列固定陈列，《海上生明月——中国近现代美术之源》是中华艺术宫开幕系列展中规模最大、规格最高的学术性长期陈列展之一。该展入选 2012 年度国家重点美术馆优秀展览项目，以美术史为线索，对上海近现代美术的起源与发展中的代表人物、优秀作品与历史事件进行梳理与呈现，通过作品展示和文献说明相结合的展览方式，叙述一个由艺术家与艺术社团、社会事件与历史脉络交织构成的艺术社会史,是一种"大美术观"与"大历史观"的综合实践。中华艺术宫名家馆长期陈列在中国近现代美术史上取得重要艺术成就、为中国美术事业作出突出贡献、有作品完整捐献国家的全球华人艺术家作品,包括贺天健、林风眠、滑田友、关良、谢稚柳、程十发、吴冠中、贺友直等艺术大师。此外,中华艺术宫不断将新入藏作品加入到固定陈列行列,缩短藏品到展品的转换时间。2010 年至 2014 年,市委宣传部、市文广影视局组织实施了"上海历史文脉美术创作工程",以邀约和征集的方式,组织本地和全国艺术家创作了 100 件具有民族特色、时代特征、上海特色的美术精品。这些作品以上海的人文历史为主线,以人物、事件、风俗、建筑等为切入点,结合艺术家各自对上海不同时期上海文化的理解,用特有的方式,艺术地展现上海的历史文化脉络,为这座城市的文化历史和精神留下一笔宝贵的文化财产。中华艺术宫开馆以后,"上海历史文脉美术创作工程作品展"完整的呈现在公众面前,将"工程"挖掘城市文化底蕴、弘扬爱国主义精神的作用无限扩大。

设立固定陈列的趋势不再是国有大馆的特例,许多小而精致的区级美术馆、民营美术馆也在近两年逐渐实现了从展览馆到美术馆的转变。刘海粟美术馆分馆(普陀区美术馆)设有《沧海一粟——刘海粟作品展》,展出刘海粟国画作品 20 幅,包括从 1936 年的《溪亭闲话图》到 1988 年的《云山缥缈图》《文光亭泼墨图》《龙虎斗图》等。另外,现场还展出了 44 块展板,分"彩笔斑斓"、"艺术叛徒"、"艺坛列宁"、"中国文艺复兴大师"、"艺坛纷争"、"彤彤报国心"、"历劫不磨"、"晚岁辉煌"等八个部分,详述了刘海粟的生平事迹。位于松江的程十发艺术馆连续推出的《程十发艺术馆馆藏作品展》一至三季,是程十发艺术馆建馆八年来始终坚持的一项书画展示活动。程十发艺术馆的典藏工作,主要集中于程十发先生书画作品与文献的捐赠、征集与研究,同时也积极拓展当代中国书画艺术的展览、研究与收藏,特别是与松江文脉相关的书画作品。2016 年新开馆的周慧珺书法艺术馆是本市唯一聚焦书法艺术的美术馆,馆内的固定陈列《周慧珺从艺 60 周年书法精品展》精选了周慧珺从艺六十周年来的作品 100 余件,囊括了对联、斗方、横批、长卷及扇面等各种形式,反映了周慧珺不同时期的书法创作风貌。龙美术馆是本市藏品资源最为丰富的民营美术馆之一,其红色经典油画作品不仅艺术质量颇高,还具有很高的史料价值,是公众艺术普及与爱国主义教育不可多得的珍贵教材。

（三）举办藏品临时陈列

举办固定陈列展对美术馆的藏品数量、展厅面积都提出了较高的要求。结合我国美术馆事业的发展现状,为了让美术馆因地制宜地呈现藏品,加强美术馆的收藏研究工作,推动美术馆切实提升公共文化服务能力,积极适应免费开放的新要求,使更多优秀美术作品能够惠及广大群众,文化部于2012年首次组织开展了"全国美术馆馆藏精品展出季活动"。这是文化部继2011年美术馆免费开放政策后的又一有力措施。2015年,展出季首次将民营美术馆纳入活动范围。2016年,展出季开始分为常规展览项目和巡展项目。2012年至2016年,文化部组织的这一项目已经走过了五年,国家累计投入资金近1700万元。5年累计推出精品展览150余个,展出藏品近18 000件(套),其中超过10 000件(套)是美术馆收藏之后首次亮相;5年来观众总量达到800万人次;累计投资1700万元。通过以下数据可以看出展出季在全国的影响力:2012年,28个国有美术馆的项目涵盖15个省区市,展出藏品约3 900件,观众超过170万人次;2013年,30个项目涵盖16个省区市,展出藏品约3 200件,观众超过120万人次;2014年,40个展览项目涵盖16个省区市,展出藏品超过5 700件;2015年,27个项目展出藏品2 300余件,观众超过200万人次;2016年,30个项目展出藏品约3 600件,观众超过190万人次。

2012至2017年,本市美术馆以展出季为契机,加强藏品研究力度,累计申报36个项目,入围18个项目,覆盖6家美术馆,其中5个项目获得优秀,项目主体多元,展览活动丰富。值得一提的是,中华艺术宫和上海中国画院美术馆连续7年参与申报,充分显示出藏品数量与研究上的实力。尤其是中华艺术宫,作为上海地区唯一的国家重点美术馆,在藏品策划与传播方面的示范与引领作用通过展出季得到了很好的发挥,参观人次从2012的两万,到2013十几万,到2015年三十万,再到2016年六十万,实现了几何式增长,其社会影响力也随着展出季而大大提升。

2016 年,市文广影视局共报送 10 家美术馆的 11 个展览项目参与评选,约占全国项目总数的七分之一,继续在展览质量、辐射区域、教育活动等方面保持一定的优势。其中,国有美术馆申报项目 7 项,除了入围的中华艺术宫、刘海粟美术馆、上海中国画院美术馆等 3 个市级机构项目之外,还有陆俨少艺术院、韩天衡美术馆、朱屺瞻艺术馆等区级美术馆的项目。上海作为全国民营美术馆的重镇,积极选送了 4 个民营美术馆项目,包括龙美术馆、壹号美术馆、梅尔尼科夫美术馆、巴塞当代美术馆,展览覆盖海派艺术、俄罗斯艺术、当代艺术等主题。

2017 年,本市 8 家美术馆申报展出季项目,其中,国有美术馆 5 家,民营美术馆 3 家。颇为意外的是,三家民营美术馆都申报了巡展项目。入围展出季目录的梅尔尼科夫美术馆计划将《追忆大师——梅尔尼科夫纸上作品展》送到贵州省民族博物馆。这将是两馆继 2015 年合作举办《情系涅瓦——俄罗斯现当代现实主义绘画展》之后的又一合作项目。展览之外,还将邀请上海师范大学美术学院的专家主讲"梅尔尼科夫纸上作品的艺术价值",体现了民营美术馆作为上海文化主体服务中西部地区的责任。上海新美美术馆的项目走出了国门,《新青年·当代艺术国际推广计划》将于 2018 年春节期间,作为文化部"欢乐春节"重点项目,在美国纽约大都会展览馆进行巡展,展出 20 位优秀青年艺术家的 39 件艺术作品,包含油画、国画等架上绘画。巡展第二站将前往柏林 STARKE 基金会艺术空间。这也是民营美术馆当代艺术藏品走出国门的良好开端。

展出季以"文化惠民"为宗旨,带动了馆际间的资源共享。首先是本地的资源共享:中华艺术宫《馆藏俄罗斯版画精品展》和"艺术品保护"主题讲座带到陆俨少艺术院;同时,以收藏杨可扬版画作品为契机,策划《岁月留痕——杨可扬版画艺术展》,还将巡展办到多伦现代美术馆、崇明美术馆等区级馆。其次是全国范围的资源共享:中华艺术宫联合中国美术馆、北京画院、中央美术学院美术馆、广东美术馆、关山月美术馆、浙江美术馆、江苏省美术馆、上海中国画院等全国其他八家美术馆,共同策划《现实的光芒——中国画现代人物画研究展》,实现国内首次关于中国人物画专题研究的大型学术展,展出 280 余件 20 世纪以来的中国人物画代表作，不仅从纵向上梳理了中国现代人物画的发展历程，而且从横向上展示了多个流派的涨落。展览也获得该年度展出季优秀项目。2016 年，陆俨少艺术院与费新我艺术馆联合策划《国难上柏缘——陆俨少、费新我书画文献学术联展》，以"国难上柏缘"为主题，以"上柏山居"为切入点，通过对陆费系列书画作品的研究，着重对两人在上柏山这一节点相关的作品、资料的整理和展示，引出陆俨少一生中的三张《上柏山居图》创作渊源以及费新我先生浓浓的桑梓之情，展现了二位书画大师虽于国难，但依然坚信理想，坚持创作，笔耕不辍，在书画事业上体现了孜孜以求、殉道丹青的艺术精神。展览在沪浙两地巡展，引起社会轰动。

（四）策划公共教育活动

近年来，本市美术馆发展的理念已发生变化，美术馆的教育职能逐渐提升到了与展览相似的地位。以藏品为核心的公共教育活动，一是为了推广美术馆的品牌资源，二是以藏品为抓手，实现美育普及。公共教育活动的方式，可以根据目标人群的年龄特征，主要分为文教结合、社区渗透、馆内特色等三类。

为促进本市文化、教育事业紧密合作，培养和引进优秀文化人才，促进各级各类在校学生文化素养提升，助推国际文化大都市建设，2013 年，市委、市政府出台了《关于本市推进文教结合工作的若干意见》，市委宣传部、市教卫工作党委、市教委、市文广影视局（市文物局）、市新闻出版局、市财政局、市人保局等 7 个委办局联合印发《上海市文教结合工作三年行动计划（2013—2015年）》。2016 年又印发了 2016—2018 年新三年行动计划。2016 年，美术馆教育平台项目由中华艺术宫、上海当代艺术博物馆、徐汇艺术馆和上海海派连环画中心组织实施。中华艺术宫以文教结合为平台，对美术馆现场教学进行了积极的实践与探索，针对不同专业、不同年级的学生，利用美术馆丰富的艺术资源结合校园美育的特点，先后开设了生动有趣的跨界艺术教育课程，包括教学实验课、展示交流美术教师研讨会等，参加人数 2 000 余人次。在总结前三年"美术馆教育平台"项目经验的基础上，2017 年推出"艺术场馆现场教学平台"项目，在长宁、徐汇、嘉定等区，经申报与遴选，将六家美术场馆与所在区教育部门合作制定年度实施计划,根据美术普及教育、美术特色学科建设等各区美育工作重点,搭建覆盖更广泛、活动更生动的艺术场馆现场教学平台。

为配合《再写刘海粟》展览,刘海粟美术馆策划艺术大展系列教育活动,古琴曲中的山水意境讲座,介绍古琴的斫制技艺外,还以不同朝代的兴衰和文化沉浮为线索,探讨古琴经典乐曲的意境和内涵。"刘海粟与海派——西学东渐背景下民族话语权的回归",结合刘海粟的个人历程和创作实践,解读刘海粟与海派之间的相互关系,探讨在西学东渐背景之下,中国艺术和艺术家如何谋求民族话语权的回归。陆俨少艺术院"孩子眼中的《上柏山居图》",现场参观、讲课、示范,学生中国画创作。龙美术馆(浦东馆)"体验红色经典艺术"爱国主义教育项目获得文化部2016年度全国美术馆优秀公共教育项目,旨在通过欣赏并学习龙美术馆"红色经典"主题馆藏,帮助6—15岁中小学生树立正确的审美观念、陶冶高尚的道德情操、培育深厚的民族情感、激发想象力和创新意识、拥有开阔的眼光和宽广的胸怀,融爱国主义教育于美育教学之中,增强青少年的文化认同感和民族自豪感。主题活动包括"爱国主义教育基地"艺术体验课堂、"大题小做"——丙烯画创作初体验、"我心中的英雄"等。

(五)建设数字传播平台

以数字美术馆为代表的数字传播平台在藏品资源的传播上起到了很大的作用。数字美术馆是利用多媒体和网络技术,将馆藏艺术品进行数字图像化、3D化处理,辅以更加详尽的艺术品数据,在三维虚拟美术馆中实现美术作品的保存、展示、研究和教育功能。数字美术馆从最初仅仅是将收藏品数字化,逐渐发展成具有互动交流功能的传播平台,成为实体美术馆的重要补充和延伸。

近两年,上海的国有美术馆积极推进文化部全国美术馆藏品普查工作,完成了近藏品的图片上传、信息录入等工作,并以此为基础,基本完成数字美术馆建设,同时推出微信公众号和移动客户端,给予公众全方位的数字美术馆体验。中华艺术宫率先在国内试点推出数字美术馆,通过藏品的高清采集和文字鉴赏，以及所有展览的 360 度全景浏览等形式，突出艺术教育，实现从藏品展示到藏品研习、从参观浏览到互动体验、从向观众开放到为观众服务的转型。上海当代艺术博物馆优化自媒体，最终形成网络的"蝴蝶效应"，拥有微信服务号、微信公众号、微博、豆瓣等自媒体平台，其中微信关注人数超过 20 万。上海中国画院数字美术馆不仅以特殊的高科技手段通过高清图片展示自成系列、数目庞大的院藏藏品，而且用户可以通过"注册"的功能，上传自己的作品，请上海中国画院的专家进行点评，实行互动交流。此外，民生现代美术馆、龙美术馆、余德耀美术馆等民营美术馆也积极建设数字美术馆和微信公众号，介绍展览与公共活动信息。2017 年 6 月，"文化上海云"设立美术馆版块，3 个月点击量超过 40 万，进一步拓宽了本市美术馆的数字传播渠道。

综上，本市美术馆加强藏品利用，有效助推了美术馆公共文化服务能级提升。第一，藏品是美术馆产品供给的核心。美术馆作为公共文化服务主阵地，加强藏品的研究利用，策划精良的展览，吸引更多观众走进场馆，扩大公共文化服务的受惠人群。第二，藏品是美术馆公共文化服务配送的核心。美术馆以展览、教育活动为载体，将未成年人、老年人作为公共文化服务的重点对象，将藏品资源向远郊、社区倾斜，实现了公共文化资源的均衡配送。

三、前景与建议

藏品和合理和科学利用将进一步激发美术馆在公共文化服务体系中的潜能，使美术馆充分发挥文化阵地与发射器的作用。未来几年，美术馆藏品利用的途径与方向可以重点从以下几点突破：

一是进一步深挖藏品资源。得益于 2013 年启动的全国美术馆藏品普查工作，本市的国有美术馆在现阶段基本完成了藏品的数据采集与录入工作，2013 年后新入藏的藏品也按照要求实现了动态更新。下一阶段，本市美术馆应当系统整理藏品资源，查遗补缺，为藏品的规范化利用夯实基础。

二是进一步激活藏品资源。本市美术馆应当搭建学术交流合作网，以馆内外的学术人员为主体,激活市区两级、国有和民营两类美术馆的藏品资源,开展系统的藏品研究工作,策划具有地域特色的主题展览,

三是进一步传播藏品资源。依托"1+16"美术馆资源合作机制、"文教结合"和"文化上海云"平台,以线上线下巡展的形式向本地观众普及知识,同时选送优秀展览与国内外城市开展文化交流。

10
新时期画院体制的转型思考

郝范荣[*]

摘　要　本文主要通过对官办画院在中国画发展历程中的重要历史作用、新
　　　　时期画院的职能定位，以及画院目前面临的主要问题和上海中国画
　　　　院在新时期采取的管理对策等四方面内容进行论述，试在研究由体
　　　　制内产生的这一特殊文化产物发展演变的规律。并从发展角度提出
　　　　了画院应直面改革，转型机制，用全新的管理思路应对新形势下所面
　　　　临的挑战等一系列观点。

关键词　画院　深化体制改革　创新

一、引　言

　　建国初期，面对年画、版画这些在社会中发挥重要宣传作用的画种，中国
画的发展遇到了前所未有的瓶颈，传统形式的中国画能否为新社会服务，直接
关系到中国画的生存问题。而过去靠卖画为生的著名画家因经济体制改革而
失去了市场，生活也发生了困难。鉴于以上情况，1956 年 6 月 1 日，由周恩来
总理提议，经国务最高会议通过决定，要在北京、上海各设立一个中国画院，吸
收并聚集学术水平较高的画家和有较高绘画技艺的人才。当时明确画院的任
务是："继承中国古典包括民间绘画艺术的优秀传统，并且使它进一步发展和
提高。画院的具体任务是繁荣中国画创作，培养中国画的专门人才，并对中国

---

　　* 郝范荣，上海中国画院藏品研究员助理。主要研究方向为近现代海派艺术发展史。

画做理论的探讨,及负责院外中国画创作的推动和辅导工作。"①此后,不少中国画院纷纷成立,这一特殊的艺术组织在拯救民族传统艺术、团结培养中国画人才和促进中国画的改造和创作繁荣等方面开始发挥积极作用,中国画的形式和内容都有了很大的发展,面貌也有了根本改观,这是画院的历史性贡献。

刚过去的 2016 年,是上海中国画院建院六十周年的华诞,作为新中国成立后全国第一批建立起的画院,它一直肩负着引领本地区美术发展和创新的重要使命。回望六十年的发展历史,画院为我国美术事业作出贡献的同时,是否仍然能在 21 世纪的今天,继续引领中国画的繁荣创作,将是一个值得深思的课题。

二、画院的性质和职能

进入 21 世纪,随着经济体制改革的不断深化、产业结构的调整以及对外文化交流的广泛和深入,给画院在新时期的发展提供了诸多机遇,同时也面临着不小的挑战。在新形势下,如何使画院继续保持活力、适应环境的变化、顺应时代发展的要求,这是画院首先需要明确的目标。但如何做到,关键问题还是在于画院能否客观地认识自己,在发展上有明确的定位,认清画院的性质和所肩负的使命。只有这样,才能正确把握画院前进的方向。

那么,我们要认清的第一个问题就是——画院到底是干什么的?

画院在别的国家根本没有,只有中国有画院。而这个具有鲜明中国特色的文化产物又是从我们的传统里延续下来的。古代统治阶级已有皇家画院,在不断演化的过程中延续到了今天。这说明主体的、专业性的绘画研究机构是传统文化的需要。虽然古代画院与今天的画院所服务的对象不同(古代画院的服务对象主要是上层贵族,而当代画院的服务对象则是社会大众),但它依然保留着作为国家倡导或资助的专业学术机构所具有的特殊优势。也就是说这个机构担当了引导社会文化发展方向和创作主力军的作用。其实,不管

---

① 周恩来总理在北京中国画院成立大会上的讲话(1957 年 5 月 14 日)。

是从滥觞期的五代还是我们如今的画院都承担着时代、社会所赋予的创作任务，以及将传统艺术推广和发扬的特殊社会职能。因此，画院应当在艺术创作方面起示范作用，不仅要注重美术人才的聚集、画师创作水平的提高，还应重视艺术理论的深入研究，成为美术行业的"专业队"、"排头兵"和"领路人"。

由政府机构设置的画院，应是公益性的学术机构。它的主要工作职能来自于 20 世纪 50 年代周恩来总理在北京提出的"创作"、"研究"和"教学"这三大任务。公益性是主导，也是画院办院的核心。我们必须强调画院的公益性，因为它所从事的所有"创作"和"研究"工作都是建基在"艺术为人民服务"、"满足人民日益增长的文化需求"这个宗旨上的，这也是画院与社会上的画廊、美术商店等商业场所最本质的区别。脱离了公益性这个原则，画院也就失去了存在的理由和意义。其次，画院是培养高端美术人才的专业机构。这也是它"教学"这个社会职能的集中体现。不过，这里说的高端美术人才，是指以美术创作、学术研究为本职，且在本地区乃至全国美术界有一定指导性和影响力的专家，这就与拥有同样社会职能的美术院校有着较大的区别。院校的主要任务并非创作和研究，而是通过教学活动，培养和向社会输送具有一定美术专业知识的高等教育人才。同样，画院也不同于以组织、辅导群众美术为主业的群众艺术馆、文化馆等，而应当是给具有国家水准、属于美术界中坚力量的优秀艺术家提供发挥创作和研究优势的平台，使他们以优秀的创作成果回报社会，供群众欣赏、利用。

总而言之，今天的画院其建立的根本目的在于提高国民的文化素养和陶冶大众的情操，为中国社会主义事业的建设和发展提供精神食粮，丰富人民的精神文化生活。这是当今社会，画院之所以存在的现实意义。

三、新时期画院工作的挑战

从宏观历史角度讲，画院为中国美术事业的发展做出了十分重要的贡献。可是，在新的历史条件下，画院的工作也正面临着越来越多的困难和挑战，管理上暴露出的不足也逐渐凸显。这主要表现在以下三个方面：

（一）画院的建制和隶属关系尚未厘清，缺乏统一的规划标准

全国目前有 30 余家省级画院，均为官办，即政府拨款的行政事业单位。但隶属关系却不尽相同。主要的隶属模式有下列三种：一种为省文化厅或直辖市的文化局直属；第二种为省（市）文联直属；还有一种为省委或直辖市市委的宣传部直属。他们当中，有的隶属关系和业务领导关系相一致，有的则两者分离。虽然从社会功能角度上讲，省（市）的文化厅（局）、省（市）委宣传部以及属于社会群众团体的文联在行政划分上都称为文化宣传部门，但这三者各自行使的政府工作职能却无疑有着很大的差异。因此对于办院宗旨一致的画院，在管理上也必然会出现不同，特别是在人事考核、经费投入、项目申报，以及收入分配等方面均会面临许多问题。比如上海的三家画院：上海中国画院、上海书画院和上海市政协书画院就分别隶属于上海市文化广播影视管理局、上海市文联以及上海市政协；又如河南省有两家省级画院，一家隶属河南省文化厅，而另一家则隶属省文联，这些画院在参加全国美展等大型活动时，申报路径不一致，常常需要一个牵头部门前往协调，而各项事宜又无法进行统一的规划安排，给画院工作的实施和美术创作的推进带来诸多不便，也使得国家对美术事业的大量投入很难见到应有的成效。

（二）官办画院普遍存在着队伍老化、人才接续障碍的现象

尽管这个问题比较尖锐，却是难以回避的实际情况。早在 2000 年举办的全国画院工作座谈会上，这个问题就已被提出。但若干年过去，关于管理制度的健全和标准化问题仍没有得到有效解决。由此所带来的后果，最突出的就是画院人才的接续问题。其实有的画院本身做得很好，他们注重吸收和培养年轻人才。但必须清醒地认识到，改革开放的步伐和人才流动的速度已不再是 20 世纪五六十年代很多画院建院时的状况，发达城市和地区对人才的吸引力，特别是高等艺术院校的迅猛发展，都决定了画院已经不一定是美术人才谋求生计的首选场所。尤其是理论研究人才，一些高校给出的诸如"教授"、"硕导"、"博导"等的学术头衔和远高于画院的薪水，使画院对中青年美术人才逐

渐丧失了吸引力。而有的画院不但没有吸引来人才，甚至还流失了原有的专业人员。这是颇为棘手的现实情况。可是不少画院并没有认识到这样的处境，仍然故步自封、抱残守缺，用建院时的人员状况来应对新时期的环境变化，眼光不曾变换。哪怕是建院时凝集了本地区国画创作与研究最突出的人才，可时过境迁，当年建院时的原班人马如今都已到退休的年龄，却没有与这些专家水平相当的新鲜血液进行补充。人才队伍日趋老化，人员结构不合理越来越明显，包袱也越来越重，这种现象也是十分普遍的。

（三）画院的活力正在下降，社会功能趋于弱化，影响力逐渐减弱

原本画院设立的初衷，是为了解决从解放前走来的传统中国画家的生计，以及大力弘扬民族艺术，繁荣中国画创作。自20世纪五、六十年代起，几大中国画院纷纷成立，集结了当时全中国最优秀的传统国画家。在当时，画院不仅仅是一个艺术创作的单位，而且是负有丰富理论研究和指导职能的权威学术机构。尤其在中国画的创作上，是一马当先的领路人。当年的各大画院凭借着优良的学术素养和杰出的创作成果，将传统中国画从民国后期的式微引领向现代的蓬勃。到了20世纪八十年代，不少地方画院如雨后春笋般兴起，但在市场经济改革的大潮下，一些画院的成立已不具有原先国家设置这一专业机构的初衷。社会大众对于画院工作的期待和要求已与画院实际的生存环境产生了较大的矛盾，其中大部分实际上已很难承担起高水准的创作与研究的双重任务。而原本应该投置于繁荣艺术创作、推动学术发展和培养美术人才上的精力，也不得不用在了努力维持生存上。画院的机制越来越不适应日益健全起来的市场经济体制的要求，甚至出现有些画家放弃了崇高的艺术理想与追求，但求名利，醉心于复制"商品画"，而对于社会主义的美术创作任务，则加以漠视，一种终年混迹于市场的风气在画院队伍里大有弥漫之势。

在市场经济的大环境下，画院画家既是国有事业单位的职工，本身又是个体的艺术生产者，拥有着体制与市场的双重身份。而随着书画市场的繁荣，画家卖画，在艺术品交易不断健全的今天，似乎是一种必然。然而国家建立了画院，解决了画家的后顾之忧，一些画家却未能对国家和社会尽到其相应的责任和义务,反而"端着国家的饭碗,干着自己的私活",本来这应该是通过建立健全岗位责任制而得以解决的问题,却因为管理上的滞后,没有得到认真地贯彻执行。因此,如何处理好市场经济效益对画家的诱惑与国家对于画院大量投入之间的矛盾,即兼顾国家、集体和艺术家个人之间的关系,使艺术品流通市场健康有序发展,是摆在官办画院面前必须认真思考的一个问题。对此,在全国范围内似乎还没有统一的、标准化的相应管理机制。画院的社会功能正在弱化,职能定位也被边缘化,学术团队的权威性正在下降,这是不争的事实。

基于以上这些问题,在新的历史时期,画院的发展似乎遇到了前所未有的挑战。其根本原因是在于计划经济时期建立起来的画院体制与如今逐步完善的社会主义市场经济体制不相适应。因此,在新的时代背景下,画院要求生存、谋发展,就必须顺应时代发展的要求,开拓进取,改革创新。

四、上海中国画院在体制改革创新上的实践

改革创新是繁荣画院发展的根本出路。实践表明,在市场经济条件下,画院职能的内涵和外延应当有新的深化和拓展,履行职能的方式手段需要改革创新。我们必须充分认识当前形势下进一步深化改革、转变职能对于画院生存发展的重要意义。冯远先生在2000年举办的全国画院工作座谈会上提到:"画院工作要突出一个中心,抓住两个重点,一个中心,就是以繁荣创作为中心……两个重点,一是改革;一是管理"①,而加强管理既是促进创作和研究的重要保证,也是推行改革的内在要求之一。在这一点上,上海中国画院做了一番尝试。

(一)建立健全各项规章,加强画院制度化管理

画院的发展之所以面临诸多问题,管理松散是重要原因之一。而缺少量化管理指标、缺乏明确的任务要求,也与没有完善的规章制度和管理流程有着

---

① 冯远.画院透析——画院工作需要开拓创新.美术观察.2001.2

密切关系。画院若没有一定的规章制度，就会出现管理滞后的现象，而缺乏应有的监督机制，即使有了规章，也未必能得到认真执行。这就会导致在画院队伍思想建设上出现严重的依赖性，而工作的推进也会遇到重重阻碍。所以，要加强画院的管理，增强画院的凝聚力和战斗力，为美术事业的发展提供持续有力的支持，一套完整完善的管理制度是必不可少的。

首先要加强对画院的思想政治工作的指导。画院要坚持正确的政治方向，贯彻党和国家的文艺方针政策，主动地为人民大众服务。艺术上要体现导向性，要弘扬主旋律，发扬先进文化。鼓励和引导画家坚持深入生活、反映时代风貌。工作上也要注重导向性，就是要坚持"二为"方向，增强责任感，为人民服务，为社会做贡献。

其次是健全补贴与奖励制度，切实改善画院工作环境和福利条件。画家每年出行采风写生，画院都会拿出专项资金提供给画家，用于材料费、差旅费。大型画展的入选和获奖的作品，画院也会给予画家不同程度的奖励。对于画院行政人员，逐步实行岗位绩效管理，实行按岗位任务定酬，按业绩定酬的收入分配办法，将职工的工资收入与岗位职责、工作业绩、实际贡献和成果转化中产生的社会效益和经济效益直接挂钩。

三是建立完善的收藏审批制度。画院定期会在本院画师创作的作品中选出一定数量进行收藏，凡属收藏作品，均由画院艺术委员会进行审定。合格者颁予收藏证书。此外，画院每年还制订详尽的创作规划和研究规划，切实做好创作研究的组织工作。通过符合艺术规律的活动方式把画家们团结起来、组织起来。出题目、给任务，严格制订创作计划，在画家完成项目目标后，还设置考评，积极发挥画院画师的主观能动性，推动有学术意义的创作研究良性有序的发展。

（二）深化画院体制改革，实施创作课题制

国内大部分国家画院的画师都是由国家养起来的。这些专业画家的是国家固定工资、奖金，而且只要跨进了画院的大门，不管艺术上如何，均为终身制。另一方面，因为近年来艺术品市场的水涨船高，靠着国家画院的金字招

牌,画院画师作品的市场销路远远好过社会上的一些画家。也使一些画院专业画家沉湎于市场,无暇在艺术上更上一层,这在某种角度上是对国家资源的一种浪费。所以围绕这一问题,上海中国画院创新性地提出了"创作课题制"。

所谓"创作课题制",指的是上海中国画院的画师是否能被画院聘用,主要看他(她)的创作课题能否"中标"。画院只保留画师的档案身份、原有职称和档案工资,对其他原有的工资性支出,画院停止支付。画师的报酬则主要来源于课题经费以及成果奖励,从体制层面讲,这叫"不养画家养作品"。上海中国画院院长施大畏先生认为,作为国家画院的画师不能仅仅因为画卖得好就沾沾自喜,他们应该与市场保持一定的距离,创作出一批真正无愧于时代、能够传之后世的精品力作,在艺术创作方面起示范作用。而要做到这一点,就必须打破官办画院画师的终身制,从机制上根本解决问题。

"创作课题制"的提出,从机制上打破了延续了几十年的国家画院画师终身制的惯例,对当前深化文化体制改革做出了全新的尝试,也确立了国家优先收藏优秀主题性作品的范式,为丰富文化积累创造了有利条件。课题制推出后,也得到了画家们的热烈反响,很大程度调动了画家们的创作积极性。大家积极深入生活,苦心经营,创作了一批优秀的主题性作品,得到了社会各方的一致赞誉。2006年新春之际,上海中国画院在全国专业美术创作机构中率先实施的"创作课题制"结出了丰硕的成果:经画院艺委会评审通过,政府部门拨出150万专项资金收藏了参加上海中国画院"纪念抗战胜利60周年"创作课题的21幅优秀作品。此后,又有一批优秀的主题性创作项目在"创作课题制"的推行下接踵而生,如"上海重大历史题材美术创作工程"、"上海历史文脉美术创作工程"、"天下一家——中国画家彩绘2010上海世博会工程"、"开天辟地——中华创世神话美术创作工程"等等。

(三)注重人才队伍的建设和培养

20世纪五十年代上海中国画院成立之初,主要是为了给传统国画家们提供一个维持生计、稳定创作的环境,使他们在经济上有一定保障,可以安心从事艺术创作。因此,当时的上海中国画院主要是创作机构,而不是教育机构。

但是鉴于当时的社会环境人才断层非常厉害，在画院成立后不久，就开始了对于年轻人的培养。当年采用的是老画师"传帮带"的师徒授业方式，现在许多著名的海派画家，如杨正新、张迪平、唐逸览、毛国伦、邱陶峰等，都是当时的学员。画院通过举办业余学习班，也培养出了一大批知名的国画家。可以说，注重人才的接续培养，一直是画院的传统。

进入 21 世纪，为继承和发扬中国民族传统文化，全面深入地研究和探讨中国书画，培养中国画创作后备力量，上海中国画院又面向社会招生，开办上海中国画院高级研修班以及专修班。在当年的第一批学员中，涌现出了许多优秀的国画家，也成为了如今上海中国画院的中坚力量，更是当代上海国画界的领军人物，如朱敏、朱新昌、丁筱芳、鲍莺、洪健等。在目前市场经济环境下，许多人都看重画家的身价，似乎只有价格高的画家才是著名的画家，但是在画院的培养下，我们更加看重的是让画家能够安下心来创出能够被历史记住的作品。

今天的年轻人知识面广、接受新事物能力强、有自己独到的思想，这是他们的优势，然而作为中国画艺术，基本功的不断锤炼、文化修养的不断提高、创作能力的不断加强都是不可或缺的，而这些综合素质的提高不是一蹴而就的，需要相当长的时间、相当大的精力投入。为此画院组织了"中青年艺术家沙龙"团体，沙龙成员由历届高研班中挑选出来的有培养潜质的优秀学员组成。画院为他们提供互相交流、锤炼基本功的平台，辅导其创作、举办邀请展、观摩大型美展，也是为社会培养青年中国画家。这让以出作品、出人才为宗旨的画院的教学意义得以体现。

（四）创新美术理论研究，促进美术精品生产

画院工作始终应该以创作研究为中心，繁荣美术创作是画院办院的根本目标。但要出精品、出成绩，还是要不断地开拓进取、深入研究。画院的研究工作也应包括两个层面。一是理论层面的研究，一是创作层面的研究。要把理论研究与创作实践结合起来，把创作实践纳入理论研究的范畴。只有这样才能得到全面的提高。经过多年的实践耕耘，画院在创作上也取得了颇为丰

厚的成果。从 1998 年全国七届美展以来,画院就获得全国大奖 6 项,上海地区各类美术奖项数十项,在九届美展中,画院画家的作品分别获得金奖、铜奖,并囊括了上海地区中国画的全部奖项。这正是画家锲而不舍的工作态度、高瞻远瞩的艺术眼光,才使得这早已名满天下的艺术团体再续辉煌。而创立于 1996 年的上海中国画院年展原本只是上海中国画院一个内部的观摩展。经过 20 年来的不断经营,上海中国画院年展已经成为上海美术展览的一个重要品牌,是上海中国画院画师与广大观众进行艺术交流的有效平台。画院的画家有了创新之作,往往先在年展中亮相,接受评论家和观众的点评。评论家和观众有了想法,也常常在展览时当面与画家交换。通过彼此的沟通,艺术家的作品更臻完美。此外,画院不仅注重画师创作水准的不断提高,还十分重视艺术理论的深入研究。有计划地组织邀请艺术专家来院举办学术讲座及作品观摩会,画家们也经常举行各种形式的专题学术讨论会,以活跃学术气氛。除了每年传统的年展和迎春画展,画院还要求每位画师都在院内举办自己的作品观摩展,这不仅提高了对画家自身的要求,更加强了画家间相互学习借鉴、取长补短的学术氛围。

五、结　语

改革和创新并非一朝一夕,画院还有很长的路要走。作为国家和地区在艺术领域里的权威性、学术性的创作研究机构,如何发挥自身优势,深化改革,推进体制创新,也将是所有画院人共同为之奋斗的目标。在新的历史时期,坚持正确的管理理念,抓住一个中心、两个重点,建立并不断完善能够体现先进文化前进方向、符合艺术和市场规律、有利于出优秀作品、优秀人才的管理体制,才是事关画院事业发展兴衰的根本方向。也希望通过我们的共同努力,为画院在新时期的蓬勃发展开启一条健康大道。

11

中华艺术宫公共教育的实践与思考

王 韧*

摘 要 中华艺术宫自开馆以来，继续秉承和发扬原上海美术馆公共教育理念，深化"文教结合"，不断拓展公教品牌新项目，努力完善公共教育平台。本文通过梳理中华艺术宫开馆至今公共教育相关统计数据，剖析该馆公共教育的基本情况，探讨其公共教育职能是如何发挥的，品牌活动的特点和取得的成效，并对未来发展做了几点思考，以期为上海地区美术馆公共教育事业的日臻完善提供启示。

关键词 中华艺术宫 公共教育

美术馆在城市文化体系形成的进程中发挥着日益重要的作用，已成为构建公共文化服务体系中的重要部分。对于美术馆而言，迈向真正的公共性，就必须凸显美术馆在国民公共文化生活中的教育功能和知识传播功能。上海在迈向2040卓越的全球城市过程中，中华艺术宫作为上海重要的公益性公共文化机构和重量级的艺术殿堂，承袭具有悠久历史的上海美术馆的文化基因与历史底蕴，其公共教育职能对城市精神文化发挥着日益重要的作用。在以美术馆为核心的上海艺术生态圈中，中华艺术宫已成为上海城市文脉的体验中心和社会大众的艺术教育中心。

中华艺术宫前身是上海美术馆，自1998年起，该馆就大胆创新，率先组建教育部，成为国内首家设有教育部及专职业务人员从事公共艺术教育的美术

* 王韧，上海社会科学院文学研究所助理研究员。研究方向：城市文化、公共艺术。

馆,并为国内各大美术馆起到示范效应。2012年10月1日,中华艺术宫在由原世博会中国馆内落成运营,在公共教育方面继续秉承和发扬原上海美术馆的文化理念,不断探索新形势下的品牌模式,努力打造公共教育的创新平台。

一、中华艺术宫公共教育的基本情况

2012年10月1日开馆以来,中华艺术宫接待观众1 230万人次,开展公共教育活动760多场,[1]活动涵盖讲座、导览、文学、戏曲、影展、演出等多种形式。主要公共艺术教育活动有常设性的"上海美术大课堂"、"流动的美术馆"、"美术教育展"等,通过艺术讲座、艺术工作坊和艺术展览等形式,整合上海乃至全国的艺术教育资源,完善美术教育和公共服务体系,提升中华艺术宫公共艺术教育水平。

(一)上海美术大课堂

"上海美术大课堂"是原上海美术馆的品牌教育活动之一,中华艺术宫开馆后延续了此项活动。"上海美术大课堂"是结合上海市精神文明建设的需要和美术馆的重要展览举办的定期特别活动。它不是简单的阶段性活动,而是通过一段时间的积累,形成一个文化艺术活动链,是一项长期的工程,对促进市民参与文化艺术活动、构建公共文化服务体系、加强精神文明建设,加快上海建成社会主义现代化国际大都市具有重要的意义。

"上海美术大课堂"具有三大特点,即:免费向广大市民开放;覆盖面广,兼顾社会各层面观众的需求;贴近大众,从多渠道引发观众对于艺术的兴趣与关注。"上海美术大课堂"活动形式包括艺术讲座和教育活动两种形式,以艺术讲座为主。据统计,自2006年以来,每年至少开设30场左右的讲座,包括专题讲座、视听讲座、外国嘉宾讲座。2012年中华艺术宫开馆后至2016年底,

---

① 吴霞:中华艺术宫开馆5周年接待观众1 230万人. [EB/OL], http://www.sohu.com/a/195818103_267106,2017 - 10 - 01.

讲座增加到每年100余场,总数呈逐年递增,专题讲座平均150人次,视听讲座平均50人次。内容涉及艺术史知识的普及、艺术专题的研究、美术馆展览鉴赏、文学艺术融合的分享会等方面,在专业和学术含量深厚的基础上兼顾普及、通俗的大众需要。

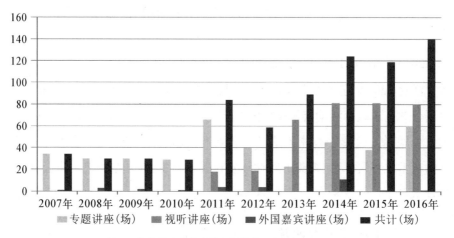

图1　中华艺术宫教育讲座统计情况表（2007—2016）

数据来源：中华艺术宫微信公众号

（二）流动的美术馆

"流动的美术馆"是中华艺术宫近年来比较重视的公共教育品牌项目,其教育活动理念打破美术馆固有的推广理念,让教育活动走出美术馆、走出上海,使中华艺术宫成为传播美育知识、普及艺术理念的殿堂。通过一次次的"流动",稳步地将美术馆的普及教育活动从"请进来"的概念转化为"送出去",切实加强了地域间的文化沟通、提升了受众的艺术人文素养,也完善了中华艺术宫本身的教育理念。

2013年11月29日,中华艺术宫教育部就上海市教委要求各文化事业单位配合落实330教育项目,切实做好文化下基层,文化惠民服务方针,与共建社区周家渡街道合作开展"快乐330·流动的美术馆校园行"系列教学活动。活动形式包括：每周一次在三点半放学后,开展快乐330艺术教学活动;就近选取 5 所试点小学(1—5 年级),通过欣赏作品图片、PPT 演示、现场创作体验等多种形式,开展馆外课程化教学;每周派遣艺术指导员到指定小学,基本学校每月有一次"流动的美术馆"进校园的活动①。截止 2016 年初,"快乐 330"项目累计有 20 位艺术专业文化志愿者分批排班走进学校,累计授课 30 余节(油画、版画、书法、礼仪等课)。在持续推进普教工作中,中华艺术宫不断积累开展公共教育的经验,力图建构系统科学的课程教育模板,旨在可持续发展文教结合课程化教育。2017 年"快乐 330"项目进一步深化,从"文化志愿者进校园"拓展至"名家进校园",给少年儿童提供向名家学习传统文化艺术的机会和展示自我风采的舞台。目前,中华艺术宫联合社会教育机构、"墨韵少年"等共同策划已举办五站名家进校园活动②。

据悉,目前艺术宫正在策划二场"流动的美术馆"展览。一场是《"品藏经典"——中华艺术宫艺术精品展》,展出地为世博村路 231 号汇博中心,届时将从馆藏万余件作品中按艺术发展史脉络甄选出 40 幅,采用高仿技术进行复制,勾画出中国近现代美术的发展历程。展览是中华艺术宫走出去,发挥公共文化资源社会效益的一次尝试,同时也是中华艺术宫艺术精品的成果展示。另一场是《百年·丹青——中华艺术宫名家藏品展》,展出地为鲁能大厦(上海世博园区内),展览将展出名家艺术陈列专馆中林风眠、吴冠中两位艺术家的 30 幅作品。

(三)美术教育展

展览是美术馆体系的核心,无论是学术研究、作品收藏、对外文化交流,还是公共教育,都是通过美术馆的各类展览实现与大众的交流、传播与互动。

---

① 目前开展活动的小学有辅读学校、尚博实验小学、上南二村小学、云台小学、协和双语国际学校。

② 五站活动分别为:第一站,邀请抽象艺术家许德民教授到浦东新区成山路辅读学校为学生们送去抽象艺术体验;第二站,邀请艺术家朱一诺到尚博实验小学为学生们带去中国画墨韵体验;第三站,邀请上海殷商甲骨文研究院常务副院长李志伟到上南二村小学为学生们解析甲骨文神秘文化,现场教授"敏而好学"甲骨文写法;第四站,邀请黄嘉明教授到东荷小学为学生上了一节趣味横生的水墨体验课;第五站,邀请黄嘉明教授到塘桥小学为学生上了一节国画课。

中华艺术宫美术教育展的立项、策划、实施与评估环节都以教育功能为主要指标。展览内容上，主要以普及美学理念和传递优秀价值观为重；展览形式上，可为临时陈列展，亦可作长期陈设展；在展览受众上，范围更为广泛，不分年龄、性别、民族和学习背景；活动效果上，相较其他美术馆公共教育活动的短期性、灵活性与分散性，具有时间上的持续性和空间上的固定性的优势。自2012年开馆后，共举办有14场美术教育展，其中2012年1场，2013年2场，2014年6场，2015年2场，2017年3场。今年"六一"儿童节，"童心与神话"——我心中的创世英雄少儿艺术作品展获奖作品在中华艺术宫艺术教育长廊进行展出。虽是一场儿童美展，但该项目启动于2016年上半年，围绕"创世神话"，中华艺术宫通过美术公开课、艺术体验、专题讲座等多种形式向不同年龄层的少年儿童普及美学基础知识、传播优秀传统文化。据统计，整个项目开展儿童美术公开课4场，专家主题讲座4场，艺术体验课8场，服务听众800余人次，300余组亲子家庭参与儿童水墨体验课及艺术体验课。可以发现，美术教育展是中华艺术宫寻求突破公共教育时空限制，探索美术馆公共教育新形式的一种探索与尝试。

二、中华艺术宫公共教育的特点与成效

五年来，中华艺术宫的公共教育取得了一定的成效，并积累了大量的经验，对标《三年行动规划》目标和当下国内美术馆发展新态势，呈现如下特点：

（一）多元化拓展公共教育品牌项目

目前馆内主要着力建设的公共艺术教育品牌有"上海美术大课堂"、"流动的美术馆"、"美术教育展"等，在此基础上，也在不断探索和尝试品牌拓展新思路和新方法。

流动的美术馆中"快乐330"项目从最初的文化志愿者走进小学，为孩子们讲课，发展到今年邀请知名教授、学者进校园，整个项目拓展过程是艺术宫利用优势文化资源，进行文教结合成功的试点，有力地提升了作为基础教育学生核心

素养落地载体的艺术课堂的教学水平,是为艺术宫公教品牌拓展成效之一。

"儿童美术馆"项目则是"美术教育展"品牌的拓展和延伸,它在形式上是一种美术教育展览空间,但在内容上又突破了以往"美术教育展"的概念与范畴,其实质是将美术馆白盒子理论与公共教育合二为一的一种探索性实验,是以青少年美术教育为主要功能的特定展览空间。与一般美术教育展的单向度教育模式不同,儿童美术馆是一种多维度教育模式,在儿童美术馆中,作为教育对象的青少年,既是观众,又可以是"艺术家"、"策展人"或"美术馆专业人士"。此外,项目入围者可全程参与,随着项目的推进,让他们逐步地了解从展览的策划实施到展示陈列各环节关联性,培养青少年的综合能力。因此,"儿童美术馆"的项目,实则有效打造了互动式的教育链和开放性的探索平台。

(二)多维度集中投放公共教育活动

分时段、分阶段、分重点多维度集中安排实施也是中华艺术宫公共教育一大特点。平时周末保持讲座和活动各一场,多为下午 13:30—14:00 开始,15:30—16:00 结束,国定假期基本每天都有讲座和各类公教活动,暑期档各类公教活动安排尤为集中,有利于项目板块的整体落实,这样的时间布局可以满足各时段各年龄层社会大众的精神文化需求。

2017 年 6 月 1 日儿童节,中华艺术宫集中安排了 1 场讲座、1 场亲子插花体验、2 场公益主题活动、2 场名家作品导赏等公教活动。艺术体验、亲子课程共有 95 组家庭报名参与,名家作品导赏 2 场也是满员(40 人),李磊馆长当天作为党员志愿者还带领孩子们解读名家馆吴冠中作品。此外,"童心与神话"——我心中的创世英雄少儿艺术作品创作颁奖典礼举行也在艺术宫举行,同时获奖作品展在 41 米艺术教育长廊推出,展览从少儿的视角展开对中华创世神话的演绎,把中国的神话故事和创世英雄通过讲故事、画故事的方式进行普及,通过他们的艺术创作,延展他们的想象力和创造力,并让他们了解中国历史、传统元素和丰富的中国文化能量。

2017 年 10 月 1 日长假 8 天期间,中华艺术宫安排了近 50 场公教活动,为公众打造了一个悠长的艺术假期。首日,与上海市青少年活动中心、共青团浦东新区委员会共同开展"国旗下成长——童心绘就时代风采"上海市青少年迎国庆升旗仪式暨现场主题创作活动。此后，配合"文心雕龙"山水画展有9场讲座，艺术脱口秀、读书会、"文心画艺"儿童水墨课程、《敦煌艺术》临摹、白领艺术沙龙等10场活动，同时配合"文化志愿者体验日"中华艺术宫还有16场名家作品导赏和3场不同主题音乐会。

暑期时段，中华艺术宫深入开展文教结合"高教深化"的工作理念，充分利用高等院校的教学与课业研究优势，结合艺术宫教育与实践平台，与华东师范大学调研课题组结合41米层的"美术电影制片厂"的动画展览，共同推出主题："动画梦工厂"系列儿童美术公开课，进一步深化与高校开展文教结合工作，丰富艺术宫公共教育服务的内容与形式，拓展公共教育的内涵与外延。公教活动版块，继续与中职院校合作，推进中职生"走进中华艺术宫"立足于培养学生热爱传统文化的情感及对美术学习的兴趣，通过多学科融合，提高学生自主研究、团队合作的意识，提升艺术素养，从第一季的"面对面"到"手拉手"再到"艺术宫常态课"，已有32所中职学校参与项目申报实施，在充分利用艺术宫文化资源上产生近30堂不同类型的艺术课，活动形式涉及公共普及推广、文化交流、成果展示等。

（三）多渠道打造公共教育"艺术服务综合体"

通过各种体验、讲座、演出、电影等丰富多元的教育形式，构建起中华艺术宫践行的以展览主题为核心、融多元艺术教育形式于一身的"艺术服务综合体"。主要做法为：一是开设艺术教育长廊(41米层)，以文教结合的理念聚合普及教育、互动体验、成果展示于一体，为艺术普及教育提供了专业化的场地和艺术品资源。如近日举办的"童心绘就时代风采"上海市青少年主题创作展就是将10月1日在中华艺术宫举行的"国旗下成长——童心绘就时代风采"上海市青少年迎国庆升旗仪式暨现场主题创作活动中68组亲子家庭的孩子们完成的主题美术创作彩绘，与另外39件同样出自6—17岁青少年的作品进行成果集中展示，从孩子们特有的视角描绘十八大以来上海这座城市的变化与发展。二是针对不同受众采取个性化艺术教育方式。分别对幼儿、中小学生、艺术职校生、艺术爱好者进行艺术启蒙教育、课本延伸教育、社会实践教育、普及教育等。三是每月推出"中华艺术宫之约"专场演出,精心挑选的艺术作品背景与现场音乐旋律动态的跨界结合,升级全感官试听艺术体验。四是加入艺术电影联盟,长期放映各类艺术电影,主办艺术电影系列展映活动等。曾举办4天8部的伊莎贝尔·于佩尔电影回顾展(2016年6月10日至18日)、6天16部周洪波作品回顾展(2017年8月5日至27日),主办"青春正当时"艺术电影系列展映活动(2017年8月25日至10月1日)。

(四)多途径拓宽公共教育媒体平台

2017年9月初日起,"在艺Live"正式为中华艺术宫教育讲座提供周末免费线上直播。"在艺Live"是"在艺——周末看艺术展览神器"的栏目之一,是在艺公司开发的在线艺术教育APP平台。通过这种模式,中华艺术宫也在探索更多有效普及和拓展公共教育受众群体的路径,让未能及时到场或异地的受众借此平台聆听艺术,感受艺术,获取艺术新智,并以笔记和话题的形式,点评、记录、分享自己的艺术见解和艺术生活,形成线上、线下融合互动效应。受众也可通过线上直播信息,包括主讲嘉宾介绍、直播内容简介和海报图了解讲座内容,合理安排时间,观看自己有兴趣的讲座。目前配合线下讲座,直播已举办10余场,参与直播人数基本每场3 000人左右,是展馆内多功能厅和艺术剧场满座人数的7.5至11倍(0米层多功能厅能容纳400人左右,0米层艺术剧场能容纳270人左右)。具体情况如下:

表1　中华艺术宫讲座线上直播情况表

时　间	形　式	主　题	主讲人	地　点	参与直播人数(人)
9月16日(周六)	上海美术大课堂·艺术讲座	中国山水画的笔墨与心性	江宏	0米层多功能厅	3 168
9月23日(周六)14:00	上海美术大课堂·艺术讲座	中国山水画文脉与当代意识	杜之韦	0米层多功能厅	3 286

续表

时 间	形 式	主 题	主讲人	地 点	参与直播人数（人）
10月2日（周二）14:00	上海美术大课堂·艺术讲座	《与大数据时代同行的美术教育》分享会	钱初熹、郑文、毛巧、颜慧珍、李磊	0米层多功能厅	2 774
10月4日（周三）14:00	上海美术大课堂·艺术讲座	瓯居"海"中——二十世纪以来的温州与上海的书画交流	方邵毅	0米层艺术剧场	3 224
10月5日（周四）14:00	上海美术大课堂·艺术讲座	艺术的作用——以绘画为例	王远	0米层艺术剧场	2 970
10月6日（周五）14:00	上海美术大课堂·艺术讲座	心性与表现——元明清山水画经典解读	邵仄炯	0米层多功能厅	3 370
10月7日（周六）14:00	上海美术大课堂·艺术讲座	摄影的韵律	渠成、林卫平	0米层多功能厅	3 094
10月8日（周日）14:00	艺文会	酒神文化史、涂鸦与圣像——异托邦城市简史	韩博、孙孟晋、赵松	0米层多功能厅	3 306
10月14号（周六）14:00	上海美术大课堂·艺术讲座	如何看待中国山水画的逸格与清俗	顾村言	0米层多功能厅	2 924
10月21号（周六）14:00	上海美术大课堂·艺术讲座	中国画为何以山水为主？	邵琦	0米层多功能厅	2 704
10月28号（周六）14:00	上海美术大课堂·艺术讲座	从惠特妮双年展看美国当代艺术现状	马琳	0米层多功能厅	2 647

数据来源：在艺 APP

三、中华艺术宫公共教育未来发展的思考

中华艺术宫公共教育在探索未来发展之路的同时,也面临这一些困难和问题。比如,上海的各类美术馆建设加速;公教活动水平参差不齐、竞争加剧;观众艺术素养的提高对公教活动质量要求也随之提高;公教活动经费不足等,都是中华艺术宫未来发展必须面对的现实问题。如何进一步突出政府引导,利用地域文化特点和资源优势,实现中华艺术宫公教活动品牌的差异化发展,构筑上海多元文化艺术生态,需要做深入的思考。

(一)加强政府引导,重视公共教育功能

2015 年颁布实施的《博物馆条例》,较 2008 年颁布的征求意见稿中关于博物馆的三大目的做了次序的调整,由之前的"研究、教育和欣赏"变成"教育、研究和欣赏"。相应地,美术馆管理也应出台类似规范条例,从政策角度切实有效地使未来美术馆的"教育"功能得到更大发挥。

(二)深化管理体制改革,构建公共教育评价机制

中华艺术宫属于公益事业单位,实行全额拨款和"收支两条线"管理,现行体制没有硬性要求馆开展有指标性的公共文化服务。因此,鼓励中华艺术宫在完成国家规定任务基础上,满足社会公众日益高涨的服务需求;调动馆内工作人员的工作热情和积极性,增加对创造性和超额劳动的奖励;同时,要将服务社会的创收用于馆公共服务的提升和公益事业的发展。其次,构建公共教育评价机制是推进美育发展的有效路径,中华艺术宫应更多地与学校及相关教育部门开展互动探索,在美育机制创新上,采取多种突破性措施,切实改进,建立合理有效的评价制度。

(三)以"人"为重点,夯实公共教育体系

现代美术馆应致力于帮助观众从展示中获得新的观念与感受,主动吸引观

众的兴趣,更要利用各种文教结合的艺术服务弥补学校教育的不足,丰富家庭教育内容,提升成人教育视野,积极争取社会各阶层人士的参与,使中华艺术宫成为一座属于全民的社会学校,提供给社会大众最丰富、最精致的公共教育资源。

（四）区分不同受众群,扩大公共教育的普及面

在针对在校学生的学校网络和针对素质教育、闲暇教育的社区网络基础上,将闲暇教育作为公共教育的特色和重点,着重将现有公教活动做扎实,进一步提高活动质量,扩大活动覆盖面,调动更多社会资源,将活动拓展到白领阶层和外籍人士群体、老年群体、特殊群体及民工子弟群体中,以获得良好的社会效应。

（五）建构差异化发展的特色公共教育生态系统

一是中华艺术宫作为上海市公共文化基地,是引导社会主义核心价值观和传播真善美的所在,其公教活动应不局限美术,应多维度发展,如电影、音乐会、学术研讨和各种文化研究类的讲座。中华艺术宫执行馆长李磊曾把中华艺术宫的公教活动比喻成四个圈,核心是美术,第二是艺术,第三是文化(包括茶道、摄影、书法、戏曲、美食等),第四是价值观。他认为:"中华艺术宫秉承的价值观是向上的、正能量的、建设型的,但并不排斥一些批判性的思想方法和文化讨论。它的整个文化态度是多元、丰富、开放。"[1]2017年8月和9月分别推出的作家姚岚"追梦红楼,醉品香茗"讲座和昆曲表演艺术家蔡正仁、张静娴解析昆曲《长生殿》并演绎其中经典片段的艺术分享,两场非美术领域的公教活动就是新领域的一种探索与尝试。二是要结合上海海派文化地域特色,实现与周边城市的差异化发展。发展的关键点在于能结合上海文化特点和资源优势,开发独具特色和品牌的公共教育项目,拓展和延伸已有品牌。

（六）引入VR实景技术,开拓新媒介艺术教育方式

一是利用虚拟仿真技术,使观众不仅能360°实景、三维、立体、高清地移动

---

① 黄松:中华艺术宫五周年:从艺术讲座到生活美学,公共教育滋润心灵.[EB/OL],http://www.thepaper.cn/newsDetail_forward_1808045,2017-9-28.

观看美术教育展,还能通过点击相应的作品在线听作品导赏,实现错峰观展和在馆观展同样的效果。二是可以选择并自由切换多种公教活动现场,在线听讲座,看演出,参与模拟体验活动和课程等,使公众足不出户就能享受公共文化服务,也是美术馆走进生活、拉近与公众距离的有效手段。

(七)加强教育部门人才队伍建设

一是教育部人才研究能力相对匮乏,一定程度上制约了教育活动的创新和品牌项目的开发,引进和培养复合型高层次人才,建设一支规模适度、结构合理、管研结合的公教人才队伍是艺术宫公教活动可持续发展的重中之重。二是进一步推动青年志愿者队伍建设与管理。一方面,在高校中招募青年志愿者,对其进行定期集中培训,根据志愿者自身特点,安排现场讲解、公交活动现场维持、策展团队现场助理工作,并发放志愿者证书,对年度优秀者颁发奖状并在官网和微信公众号上同步发文表彰。另一方面,每年寒暑假,可招募海外留学生志愿者和外籍青年志愿者,服务来馆参观的外籍人士,增进文化交流,真正落实文化惠民,如遇外展策展中,也可择优选入展览团队。

日前,中华艺术宫提出未来五年的设想,其中谈到"每年将会按不同的主题举办100场讲座、100场儿童美术工作坊、6个艺术电影展、6场'艺术宫之约'跨界音乐会、若干次实验戏剧、戏曲演出,设立艺术图书馆、儿童阅览区,常年对公众开放。"①这些量化的数据,让我们看到艺术宫在公共教育发展之路上始终以"文化为民、文化惠民"为要义,不忘初心,砥砺奋进,为上海公共文化服务体系的完善和城市文化精神的传承和弘扬殚精竭力,为上海迈向卓越的世界城市和建设国际文化大都市奠定重要的文化基石,为中华民族的伟大复兴提供文化助力。

---

① 詹皓.中华艺术宫迎来开馆五周年国庆期间,最多一天八档活动[N].新闻晨报,2017-9-14(A19).

四、比较与借鉴

12

国家文化政策之英德法分类比较

周睿睿*

提　要　本研究采用的是一种不意在描述，而意在理解的态度。笔者试图通
　　　　过追踪不同的规范框架来理解不同的文化政策原则和结果，从而在
　　　　此之上，构建亦可适用于其他国家文化政策研究的评估模型。

关键词　文化政策　跨国　国家　民族

文化政策研究正在渐渐成为一块独立研究领域。本研究意在搭建一个框
架，该框架用于研究，比较和评估跨国文化政策。其中心问题是：如何研究跨
国文化政策？

要回答这个问题，首先需要界定文化政策的任务客体——文化。而这又

---

* 周睿睿，汉堡大学社会与经济学院讲师。

可下分为两方面规范的不同：一是对文化的定义；二是文化政策的任务目标。很明显，对文化的不同定义以及文化政策不同的任务范围组成都会对文化政策实践产生深远影响。

作为新兴交叉学科，文化政策研究已经取得了许多成果。然而不足依然很明显，它们可以归结为三个方面：1. 无论是从理论上还是研究方法上，都尚未出现一个可普遍适用于跨国文化政策研究的成熟框架；2. 国家文化政策研究要么停留在几个相关部门的报告上，要么成为某个国家的现状调查；3. 在跨国研究中，英语国家和非英语国家的比例严重失衡。

文化政策的概念

迄今为止，并未出现被普遍认可的文化政策概念。文化政策定义的模糊性当然首先来自于用于界定政策主体的多样的"文化"定义。顾名思义，文化政策有两个组成部分：文化和政策。因此文化政策研究也可从"艺术人文"和"社会政策"两方面入手。

本研究首先把文化政策视为一种公共政策，也就是某些政府行为的总和，它们既可以是政府本身的直接行为，又可以是通过其他机构的间接行为，而这些行为用于在公民的审美，精神，智识等方面建立和维护某一套具有导向性和普遍约束性的秩序，追寻某种成果或调控本国的文化状况。无疑，这些行为是符合一定固有社会规范的。

但是，哪些行为才会被政府界定为文化政策的范畴呢？在此，社会规范无疑会是首先起作用的变量。因为，面对无数种可能，政府会在行为上选择哪些来支持或反对，本身就已经体现了其所追求的某些价值观，所有这些行为均可被视为在力所能及的范围内于不同层面上以不同形式发生的政治选择。因此，研究者可做的就是读出政策背后的意图。

对于理论框架来说，首先需要分别定义"文化"和"政策"。文化在学界通常做狭义和广义二解，前者单指艺术，后者指通行的道德规范和价值观。本研究取的是作为文化政策任务客体的文化，并认为：各国文化政策的不同首先在于任务客体界定的不同。而通行的政策概念则在理念上是亚里士多德哲学和马基雅维利主义的结合，意即：政治行为致力于建立对一个社会共同体具有普遍约束力的规则和决策，同时体现出该社会共同体的道德规范。基于以上原因，本研究对文化政策的理解是：文化政策是有意识有倾向性地建立在生产，传播和规范文化方面对于社会共同体成员具有普遍约束力的规则和决策的行为，它传递出该社会共同体对于文化的理解和取向。

分类法模型的建立

本研究采取的是一种在理解的基础上，从现有实证中建立评估维度从而对各国文化政策进行分类的研究态度。

迄今为止，学者们常常把现有的文化政策分成两类：英式和法式。当然，这与对"西方模式"的传统归纳有关，这些归纳可见于对福利国家模型或社会经济模型的研究。这些研究都可追溯至马歇尔的公民权利理论，而这些理论围绕着三个问题："公民权利的界限在哪"，"国家控制的界限在哪"和"国家的任务是什么"。然而，用这样的方法套用文化政策分类是有问题的：1. 刚刚所有这三个问题的前提都是先回答"谁是公民"也就是"如何界定'我们'"，而文化身份建构是所有国家文化政策的重大课题。2. 以一个国家分别为代表的"欧陆派"对应"英美派"式两分法过于笼统且武断，因为它首先是以预设两分法成立为前提，进入自证其说的循环，其次它也并未指出何为"欧陆"特质，何为"英美"特质。3. 以国家名称作为分类维度，在开始阶段会使人无所适从，因为它以国家而不是政策模型的根本特质进行分类。

针对这些问题，本研究在分类模型设计上做了一些改善：首先，从理论上认定文化政策是统治和管理（"Governmatality"）的一种方式，其手段在于，统治者运用教育，哲学，艺术，宗教等方式使其统治显得正常，这个过程建立了某种"同质性"（"Hegemony"），这种"同质性"在结构上是权力的表述，在过程上是国家以这样或那样的方式干涉个体自由。在文化政策实践中，同质性的建立来源于在社会固有话语体系中习得的有关文化的经验，而这些经验会在宏观层面上被总结归纳,并被赋予正向或反向的道德意义,以至于在政策的顶层设计层面,统治者不得不同质化地认定所有社会成员的文化需求都是类同的。

相应的,本文亦从理论上认定:完全不受权力影响的世俗生活并不存在。在一个现代民主社会,人们理所当然地假定:作为权力机构的政府追求的是所有社会成员的福祉。此外人们还有一个另"理所当然"的通识:文化是个好东西。但除了这么一个模糊的认识之外,通常并不会对"文化"如何好做深一步的探讨。所以,关于"文化哪里好"以及"怎么发扬文化的好",每个国家都有一套自己的理论程序。而具体的文化政策就是从实践上回答这些问题。政府的决定,无论是作为还是不作为,都通过某些秘而不宣的规范得到正名。这些规范总结起来是围绕着两个话题进行的讨论:一,如何定义文化;二,政府的责任是什么。

研究方法的确立

本研究抽取英法德三个欧洲国家,评估它们分别在文化政策领域是如何回答以上这些问题的。评估在两个尺度上分别进行:国家的作用和民族文化身份。

选取国家的作用作为评估尺度,是因为迄今为止诸多针对文化政策内政的研究都侧重关注两个焦点问题:一是"政府做什么/不做什么",二是市场化的程度和公民社会的作用。换言之,这两个问题都是在试图在理清国家和公民社会间的关系。从理论上来说,这是一个民族国家从文化政策的角度回答一个古老的政治哲学问题:"人有多自由?"

选取民族文化身份作为评估尺度,是因为它是一个民族国家对外文化政策的立足点。尤其是在全球化的大背景下,没有任何一个现代国家可以孤立存在,而这就使得"如何定义'我们'","如何处理'我们'与'别人'的关系"这些课题尤为重要。迄今为止,民族国家仍然是最主要的政治共同体形式。而现代的民族国家政府作为共同体成员认可的权力机构,必须从文化政策的角度回答另一个古老的政治哲学问题："谁是'我们'。"

使用"国家的作用"作为尺度，可以评估出国家对文化活动的责任范围以及国家责任和市场原则间的相对关系。在这个尺度上，我们可以从 0 到 10 想象两个极端：在 0 极，文化只具有公共福利价值，文化政策因此必须完全履行教育功能，这样的规范使得国家有权利和义务完全保护文化生产不受市场"干扰"，而文化生产的经济来源也仅仅只能有公共开支投入。在 10 极，文化产品仅仅具有商品属性，这会导致国家干预完全从文化生产中退出，而文化生产所需要追逐的目的也仅有盈利。

使用"民族文化身份"作为尺度，可以评估出一个民族国家的政治和文化认同的相互关系。在这个尺度上，我们同样可以从 0 到 10 想象两个极端：在 0 极，一个民族国家从其所有成员处均获得政治，文化，情感的完全认同。政治和文化认同从逻辑上就是重叠的。"我们"和"别人"之间壁垒分明。这意味着，文化政策的首要任务之一就是建立和保持对其所谓"本土文化"的公共忠诚。而当面对"别人"时，对外文化政策也会采取非常保守，甚至有些"原教旨主义"的态度，并会把大力对外推行本土传统文化作为对外文化政策的首要目标。在 10 极，政治认同和文化认同间的逻辑联系非常松散甚至毫不存在。作为政治共同体，民族国家就算还没有经历政治权利意义上的"消亡"，起码也已经或者正在经历文化政治意义上的"消亡"。这会导致文化政策对内不会那么强调对所谓的本土性的忠诚度，面对"别人"也会采取一种非常低调的态度，对外不会强调讲述关于自己的宏大叙述，而可能更在意在地区或跨国事务上的合作。

需要说明的是，这两个尺度的设立是为了理论构建需要，因此 0 极和 10 极分别是极端情况，仅仅作为参考。

评估包含三个欧洲国家，以三国的官方文件为文本，遵循以下三个步骤进行：首先观察三国分别对文化的定义，这将展现出三国是分别如何回答"什么是文化"以及"文化为什么好"这两个问题的。其次在文化定义的基础上，分析三国是如何分别界定文化政策的任务范围的。尤其强调的是，这些任务范围不仅通过那些政府决定去做的事情得到体现，而且通过那些政府决定不做的事情得到反映。而这些"做"或者"不做"背后就隐藏着对"什么是文化"以及"文化为什么好"的回答。之后将以刚刚设定的两个维度为测量尺度,对三国文化政策的"怎么做"进行具体和深入的研究。三个步骤之间的联系是,公共政策的任务界定不仅受当权机构的规范及法律影响,而首先取决于对任务对象的理解。

分类模型下的实证评估

接下来将按照计划好的步骤对英法德三国进行文化政策的实证评估。

国家的文化概念

英:在一些文献中,英国声称本国采用的是"一种广义的文化概念"。但是,通过深入的观察可以发现,英国用于公共政策的文化概念实则是"与艺术,博物馆,文化遗产,图书馆,电影有关东西"的全部。换句话说,英国政府的"主流"文化概念是以所谓的"高雅文化"和狭义的艺术定义为出发点,被理解为艺术形式,艺术活动和艺术表达的合集。

法:文化被认为是保证生活品质的核心因素。因此,公民的文化权也是文化概念不可或缺的部分,并受到法律保护。相应的,文化政策中的文化概念是建立在"文化现象的普遍存在和广义图景"之上的。另外,文化发展被视为社会整体发展的一部分。总而言之,法国通行的文化概念是"高标准"和"民主化"二者的结合。正如法国的福利政策尊崇"保守"倾向一样,法国文化政策的规范也更倾向于"社会"而非"市场"。同样,法国的文化概念也含有教育意义,其背后隐藏的规范正是对高标准的追求。这同样可以解释文化和艺术教育的分量在法国文化政策中何以如此之重。

德:在德国的文献中,"文化"术语在今日德国指代"创造性和艺术性的活动(无论其在传统文化机构活动以内还是以外)以及日常生活的文化"。言及于此,"文化公民权"和"社会文化"这两个理论概念就不得不提:"文化公民权"的含义不仅包括参与文化活动,而且包括文化实践,二者都被视为是公民权的组成部分。"社会文化"则从理论上证实了文化政策的社会政策属性,这一点将在下文即将写到的任务范围客体中得到体现。

任务范围的客体对象

英：遵循英国国家文化概念，英国文化政策的核心任务就是推广高雅文化和易为受众接受的文化产品。所谓的"创造工业"（creative industry）是文化政策的又一个主要客体，它包含了广告，时尚和软件开发。这一切遵循的规律可以用英国官方总结的"四个策略对象"得到体现：机会——意味着重视增加和深入拓宽文化活动的准入，优质——反映出英国政府对高雅艺术的偏好，经济效益——强调了文化活动可盈利性的重要性，奥林匹克——意在国际上推广某种成功而富有灵感的国家和民族形象。

法：法国文化政策的客体对象严格遵循法国文化政策结构的主线构成：文化遗产，创造，文化和艺术教育。这再次证实了前文所述：法国对文化有教育意义上的期待。一方面，教育是为了增进国民创造力，这一点在英法德三个国家都得到重视。另一方面，"文化，创造，文化和艺术教育"的主线也同上文刚刚分析过的法国精英式传统文化理念得以互证。在这个逻辑的影响下，法国文化政策最重要的任务就是保护和推广法兰西文化。这一点将在后文分析民族文化身份时得到充分体现。

德：在德国呈交给欧盟的文化政策综述里，并不能找到对德国文化政策任务范围的准确描述。尽管如此，综述里的一句"文化政策是应对社会挑战的社会政策"依然可以让我们看到德国在界定文化政策任务范围时遵循的基本逻辑：看重文化对社会的融合和发展所能做的贡献，而不那么看重其经济上的可盈利性。这一点在德国自 20 世纪 70 年代文化政策改革以来所遵循的"新文化政策"理念中发扬光大："（文化政策）首先把自己定义为教育政策，其核心是公民的个人发展，以及公民的社会，交往和审美方面可能性的变革及这些需求的满足"（克莱因 2001：210）。因此，德国文化政策的主要任务范围是深化和增加公民在艺术与文化中的参与度以及加强文化民主化。

国家的作用

英：公共财政用于文化事业的支出遵循所谓的"手臂长度"原则，意即政府选取非政府机构作为公共财政文化事业支出的管理者，管理方式是由这些非政府机构来决定谁可以获得公共财政的赞助。英国文化政策对于其两个主要任务范围——高雅艺术和创造工业——有一个同样的期待，这个期待被称为"经济效益潜能"。同样，前文所提到的"四个策略对象"——机会，优质，经济效益和奥林匹克——也说明英国文化政策非常看重其经济收益。

法：法国认为国家的适度干预是合理的。这些干预在各个行政层级上都会进行，这是"为了预防和纠正市场作用自身所携带的危险"。

德：德国宪法 28 条第 3 款论述了文化和艺术自由，本款全文如下："文化与艺术，教育与科研是自由的，但该自由不得违背对宪法的忠诚"。它一方面保证了文化机构和文化组织的独立性，另一方面也迫使国家有义务提供"某种形式的保护"和"对内容的规范"。在德国，文化活动的市场化受到相对限制，因为文化政策发展的一项重要因素就是"在公共机构做到保证文化事业生存以及资助文化事业和文化活动无需政府过多扶持就能自行发展二者间找到一个平衡点"。这可以解释德国文化融资的独立原则，依照此原则，文化融资首先且最主要是各个当地社区社团的责任。当然，责任与权利相辅相成。因此各个当地社区社团不仅有责任从经济方面支持文化事业，也同时有权利决定文化活动的内容细节以及发展形式。

民族文化身份

英：直接陈述英国文化政策和民族身份建构的文件少之又少。然而，前文提到的"四个策略对象"里，"奥林匹克"的目标是传递出成功而富于创造力的国家形象，该形象将会有长远而可持续的积极影响。这说明，在英国文化政策里，民族的文化和政治身份认同是紧密相连的。对外文化政策则是为了"在优先考虑政府目标,鼓励和支持文化事业发展国际伙伴关系,最大程度地实现本国文化活动对外交,发展和解决国际争端等方面可能产生的利益"。由此可见,英国的对外文化政策主要是作为增进他国对英国的理解以及帮助实现政府目标的工具。

法:法国文化政策对建构国民身份认同赋予了使命般的意义。对此,法国国家文化部的表态很清楚:"文化部以让最多的人得以享受到人类的伟大作品——在此尤其强调那些法国的伟大作品——为己任。"在此,国民文化身份的重要程度和文化民主化的重要程度一样高,甚至更高。"建立以民族为导向的文化政策和以领土为导向的文化政策间的联系"可说明文化身份认同和法国国家领土在文化政策中的紧密关系。这同样也可以解释其内容包括促进法国式生活以及法语社区,保护法语语言的语言政策由法国国家主导。同样引人注意的是:法国文化遗产中的"所有因素"都受到珍视,这样带有强烈本土化色彩的说法在英国和德国都没有出现。法国对通过文化政策加强,提高法国的国际影响力采取的是一种非常主动,野心勃勃的态度,这可以从"确保法国和法语的艺术文化在世界范围的影响力"及"襄助法国海外文化政策和法国海外文化机构或文化网络"等策略中读出。

德:和法国相反,德国的文化政策对德国国民政治认同的提升非常有限。尽管其移民史和移民程度和英国无法相比,德国却已经称自己是一个多元文化共存的移民国家。融合外来移民文化和照顾有移民背景人群的需求是文化政策里不可或缺的一部分。德国也希望通过文化政策的手段加强本国的国际影响力,但与法国的强势文化输出不一样,德国遵循的是以对话为先导的思路。文化政策的民族导向和领土导向间的联系较为松散:联邦州享有"文化主权"。在海外文化活动中,城级机构以及民间团体是最活跃的。联邦政府的中央权力被削弱,因此,对外传递出统一的"德国式"本土印象也就不那么可能。

实 证 结 果

三个国家有一些相同点:文化民主化在三国的文化政策里都很重要。文化政策所带来的社会效应也在三国受到重视。诸如"参与"和"增进公平"这样的表述在三国文献中均很常见。通过文化政策增加本国国际影响力也是三国都有的策略。即使是在国民身份问题上持十分低调保守态度的德国,也认为文化政策和安全政策以及经济政策并列为"德国对外事务的顶梁柱"。

文化政策逻辑的基本不同则可以从以下几个层面依次总结:首先,对文化的定义不同。英国的文化概念是高雅文化,艺术和创新型工业的集合,这说明"文化"在英国主要是物质性的,并带有一定的精神信息。法国文化概念的重心则在文化表述上,经典文化形式和参与文化表述则是重心里的重心。德国则更多地是在一个"文化"与"社会"双向互证的理论体系中,以社会效应为出发点定义文化。

其次,文化政策的任务对象不一样,结果也就自然不一样。同样是参与文化生活,在英国,人们的"参与"方式要么是以"享受文化产品"的形式被动接受已有的文化供给,要么是以被选中认为是"有能力"或者"优秀"的创造者的形式获得资助。而对法国来说,文化参与作为构成生活质量的重要因素由三部分组成:作为公共财富的文化遗产得到分享,作为社区必需的文化和艺术创造得以延续,作为通识教育必不可少部分的文化教育获得推广。可以看出,与英国相比,在福利政策研究里被定义为"保守"的德法两国,文化参与更多地是一种公民对文化能力的习得以及文化形式广泛存在于生活空间的一种结果。而德法两国的区别在于:法国相较于德国具有一种更精英化,更偏向古典主义的态度,这就导致高雅文化和街头文化间的区分在法国比在德国的文化政策里更清楚。这一点在两国的文化教育上可以得到印证。德法两国都很重视文化教育,也都强调提高国民的创造力,但重点不一样:法国的文化和艺术教育强调保持文艺作品的"高质量"以及培养国民的高雅文艺品味,而德国的文化和艺术教育强调培养和普及国民自身的文化创造能力。

基于以上文化政策逻辑的根本不同,三国在"国家的作用"和"民族文化身份"这两个维度上的不同也就很好理解了。三国都面临减轻公共财政支出。英国的四策略"机会,优秀,经济效益和奥林匹克"本身已经可以说明经济利益在文化政策里的重要性以及市场化程度之高。法国则表达得非常清楚:文化产品不能被视为仅有商品属性。德国和法国在这一点上态度相似，德法两国在这个维度上都比英国更偏向 0 极。不同之处在于德国更加强调社区的自主原则。

在"民族文化身份"这一维度上，法国的对内和对外文化政策都比英国和德国远远更偏向于 0 极。法国中央政府勾画出一个关于法国文化的强势而统一的印象，并由一层层政府统一向外传递。德国是三国中最偏向于 10 极的。为了扩大自己国际影响力，德国采取的是传递价值观和"德国式智慧"以及致力于解决争端的温和模式。而英国式的实用主义也在这个维度上得到体现，英国文化政策在这方面的努力主要是为了协助政府实现其他中长期机会里的利益。

结　　语

本文致力于设计用于跨国文化政策研究的模型，找出各国文化政策背后的不同的逻辑并理解这些逻辑如何构成各国文化政策的不同特点和任务范畴。

以英法德三国为例。英国对文化有一种较为物质主义的态度。这使经济效益是英国的对内文化政策里的一项很重要的任务，这也可以进一步解释市场原则在英国文化界的主导地位。德法两国对文化有一种教育性质的期待。两国都更重视社会共同体而不是市场，因为市场被认为是天然自带风险的，因而政府有责任对此进行调整，保护国民，预防可能出现的社会不公。相较于德国，法国对文化的定义有更精英主义的倾向，因此法国的文化政策致力于在高质量和开放性间找到平衡。而德国更强调通过文化实现社会民主化。法国的这种精英主义倾向也同样可以解释文化政策对民族政治身份的强有力的拱卫。在三国当中，民族政治身份和民族文化身份间联系最紧密的是法国，最松散的是德国。

本文为实证研究提出了一种由多个维度互相支撑的理论体系，该体系也可以用于其他的文化政策研究。当然，具有完全普遍性的分类法需要在囊括进更多国家之后方有说服力，因此本文只是一个开始。但本研究所有的价值超出此文所呈现的实证范围，而为文化政策研究的理论突破提供了一条思路。

参考文献

Alexander Jeffery (1993): CULTURE, TECHNOLOGY, AND WORK. California University Press. In: *Theory of Culture*.

Ashenden/Owen (2000): Foucualt contra Habermas, Recasting the Dialogue betwen Genealogy and Critical Theory. London: Sage.

Bennett, Oliver (1997): Cultural policy, cultural pessimism and postmodernity 1. In: *International Journal of Cultural Policy* 4 (1), S. 67 – 84. DOI: 10. 1080/10286639709358063.

Bennett, Oliver (2004): The Torn halfs of the culrual Policy. In: *International Journal of Cultural Policy* 10 (2), S. 237 – 248. DOI: 10. 1080/1028663042000255844.

Bille, Trine; Grønholm, Adam; Møgelgaard, Jeppe (2014): Why are cultural policy decisions communicated in cool cash? In: *International Journal of Cultural Policy* 22 (2), S. 238 – 255. DOI: 10. 1080/10286632. 2014. 956667.

Clarke, David (2014): Theorising the role of cultural products in cultural diplomacy from a Cultural Studies perspective. In: *International Journal of Cultural Policy* 22 (2), S. 147 – 163. DOI: 10. 1080/10286632. 2014. 958481.

Glaser Hermann/Stahl Karl Heinz (1974): Die Wiedergewinnung des Ästhetischen. München: Juventa.

Guy E Swanson (1993): CULTURE, COLLECTIVE PURPOSE, AND POLITY. University of Califonia Press. In: *Theory of Culture*.

European Compendium Cultural Policy, http://www. culturalpolicies. net/web/countries-profiles-cr. php

Klein Armin (2001): Kulturmanagement. München: DeutscherTaschenbuchVerlag.

LangstedtJörn (1990): Strategies, Studies in modern cultural policy: Arhus University Press.

Lewis J/Miller T (2003): Critical Cultural Policy Studies. Oxford: Blackwell.

McGuigan (2004): Rethinking Cultural Policy. Maidenhead: Open University Press.

Mitchell rivita (2002): Cultural Policy Evaluation as a Means of a Schemata Construction and as a Policy Instrument. Paper presented in ICCPR 2002. Online verfügbar unter http://www. culturalpolicies. net/web/comparisons-research. php.

Mols, Manfred (2012): Politik als Wissenschaft: zur Definition, Entwicklung und Standortbestimmung einer Disziplin. In: *Politikwissenschaft: eine Einführung*. Paderborn:

Schöningh, S. 23 - 61.

Mulcahy, Kevin (2006): Cultural Policy. Definitions and Theoretical Approaches. In: *The J. of Arts Man. , Law, & Soc.* 35 (4), S. 319 - 330. DOI: 10. 3200/JAML. 35. 4. 319 - 330.

NiklasLuhmann: Differentiation of Society. In: *Canadian Journal of Sociology* 1977 (2 - 1), S. 29 - 53.

Niklas Luhmann (1997): Soziale Differenzierung. Zur Geschichte einer Idee. Wiesbaden.

Nolin, Jan (2014): Cultural policy by proxy. Internet-based Cultural Consumption as a copygray zone. In: *International Journal of Cultural Policy* 21 (3), S. 273 - 290. DOI: 10. 1080/ 10286632. 2014. 923415.

Peters Guy (1996): American Public Policy. Cathem: Cathem House.

Rose R (1993): Lessons drawing in public policy. Cathem: Cathem House.

Scheytt Oliver (2008): Kulturstaat, Deutschland. Bielefeld: Transcript.

Scullion, Adrienne; García, Beatriz (2005): WHAT IS CULTURAL POLICY RESEARCH? In: *International Journal of Cultural Policy* 11 (2), S. 113 - 127. DOI: 10. 1080/10286630500198104.

Sellin Volker (1978): Poliitk. Geschichtliche Grundbegriffe. Unter Mitarbeit von in: Brunner Otto/Conze Werner/Cossoleck Reinhard. Stuttgart.

Shuster: information and research infrastructure. informing cultural policy. In: *The Pew Charitable Trust* 2002.

Siervers Norbert (2008): Kultur macht Europa. Essen: Klartext.

Sievers Norbert/Wagner Bernd (1994): Blich zurück nach vorn. Essen: Klartext.

Susan Wright (1998): The Politicization of 'Culture'. In: *Anthropology Today* (14), S. 7 - 15.

Weber Max (1973): Gesammelte Aufsätze zur Wissenschaftslehre. Tübingen: 4.

Wiesand A. J. : comparative cp research in EU, a change of Paradigm. In: *Canadian Journal of Communication* 2002.

Frenander Anders (2008): What are they doing, the cultural policy researchers? Paper presented in ICCPR 2008.

(Mitchell rivita 2002, 2002); Mitchell rivita (2002): Cultural Policy Evaluation as a Means of a Schemata Construction and as a Policy Instrument. Paper presented in ICCPR 2002. Online verfügbar unter http: //www. culturalpolicies. net/web/comparisons-research. php; (Niklas

Luhmann; Niklas Luhmann 1997; Nolin 2014).

Wiesand A. J.: comparative cp research in EU, a change of Paradigm. In: *Canadian Journal of Communication* 2002.

Mulcahy, Kevin (2006): Cultural Policy. Definitions and Theoretical Approaches. In: *The J. of Arts Man.*, *Law*, *& Soc.* 35 (4), S. 319 – 330. DOI: 10. 3200/JAML. 35. 4. 319 – 330.

Rose R (1993): Lessons drawing in public policy. Cathem: Cathem House.

McGuigan (2004): Rethinking Cultural Policy. Maidenhead: Open University Press.

Lewis J/Miller T (2003): Critical Cultural Policy Studies. Oxford: Blackwell.

Shuster: information and research infrastructure. informing cultural policy. In: *The Pew Charitable Trust* 2002.

Sellin Volker (1978): Poliitk. Geschichtliche Grundbegriffe. Unter Mitarbeit von in: Brunner Otto/Conze Werner/Cossoleck Reinhard. Stuttgart.

Mols, Manfred (2012): Politik als Wissenschaft: zur Definition, Entwicklung und Standortbestimmung einer Disziplin. In: *Politikwissenschaft*: *eineEinführung*. Paderborn: Schöningh, S. 23 – 61.

Susan Wright (1998): The Politicization of "Culture". In: *Anthropology Today* (14), S. 7 – 15.

Ashenden/Owen (2000): Foucualt contra Habermas, Recasting the Dialogue betwen Genealogy and Critical Theory. London: Sage; Scheytt Oliver (2008): Kulturstaat, Deutschland. Bielefeld: Transcript; Klein Armin (2001): Kulturmanagement. München: DeutscherTaschenbuchVerlag.

S"iervers Norbert (2008): Kultur macht Europa. Essen: Klartext; Sievers Norbert/Wagner Bernd (1994): Blich zurück nach vorn. Essen: Klartext; Glaser Hermann/Stahl Karl Heinz (1974): Die Wiedergewinnung des Ähstetischen. München: Juventa.

Bennett, Oliver (1997): Cultural policy, cultural pessimism and postmodernity 1. In: *International Journal of Cultural Policy* 4 (1), S. 67 – 84. DOI: 10. 1080/10286639709358063.

Bennett, Oliver (2004): The Torn halfs of the culrual Policy. In: *International Journal of Cultural Policy* 10 (2), S. 237 – 248. DOI: 10. 1080/1028663042000255844; LangstedtJörn (1990): Strategies, Studies in modern cultural policy: Arhus University Press; Peters Guy (1996): American Public Policy. Cathem: Cathem House.

13

欧美发达国家文化政策法规与公共文化服务：进展与启迪

解学芳*

摘　要　欧美发达国家对公共文化服务建设的关注，一方面体现在国家宪法与文化基本法的具体条款中；另一方面则表现在国家支持与鼓励公共文化发展的财税政策里；尤其值得我国借鉴的是基金会、非营利组织、私人与社会赞助与捐赠等多元主体的介入所带来的公共文化可持续发展的资本与动力。鉴于此，伴随我国主要社会矛盾转化为人民日益增长的美好生活需要和不平衡不充分的发展之间的矛盾，完善公共文化服务体系、提升公共文化质量变得更加重要而迫切。一方面，鼓励文化创新、对公共文化建设给予积极的财政政策扶持，构建制度自信与文化自信；另一方面，探索更有效率和长远效益的文化税收优惠政策，增强公共文化可持续发展的活力；此外，还要积极鼓励文化社会组织与多元社会资本进入公共文化领域，培育公共文化生态。

关键词　欧美　文化政策　公共文化服务　启迪

* 解学芳,同济大学人文学院文化产业系副教授,博士生导师,媒体产业研究所副所长,主要从事文化产业与文化管理研究。
基金项目：国家自然科学基金面上项目(71473176)；上海市浦江人才计划资助(17PJC100)。

一、公共文化服务的法律支撑：
宪法与文化基本法①

　　欧美各国对公共文化建设的高度重视在多国的宪法与文化基本法的具体条款中得以体现。从德国、俄罗斯、瑞士等国家的典型做法来看，宪法与文化基本法不但明确了对文化艺术发展的扶持，也成为国家支持与鼓励公共文化发展的法律保障与制度根基。

　　德国面对公共文化机构资金短缺问题，在法制层面明确了政府承担文化基础设施与维持公众基本文化需求的扶持资金。在德国的宪法中加入了特定的条款——国家承担支持文化的义务，并通过积极措施保护和促进文化艺术的发展；并且，根据德国宪法的解释，艺术和科学、研究和教学应当是免费的。与此同时，德国大多数州的宪法也明确提出对艺术、文化发展提供公共财政，例如"州要保护和支持文化生活"（柏林州宪法，第二部分第 20 条），"所有人应有机会利用生活中的文化商品"（莱茵兰-普法尔茨州，第三部分第 40 条），②可见，政府承担扶持与培育文化艺术发展的责任是宪法的应有之意。

　　俄罗斯利用宪法与文化基本法作为法制依据扶持与推动文化发展。在宪法中明确规定"发展联邦文化项目，根据联邦预算为文化拨款，制定文化部门的最低报酬和稿酬，保护对联邦具有重要性和特别价值的历史文化古迹"，并把对文化遗产的保护安排在政府扶持的优先任务列表中，体现出俄罗斯在遵从宪法的基础上采取积极的国家艺术政策，推动文化的发展；按照俄罗斯联邦宪法的要求"保障公民创造、获得文化、参与文化生活的自由，利用文化设施的权力，保护知识产权，将保护历史文化遗产和遗迹作为每个公民的责任"，明确了公民自由创造和参与文化生活的权利。此外，俄罗斯的《文化基本

---

① 解学芳，臧志彭：《国外文化产业财税扶持政策法规体系研究：最新进展、模式与启示》，《国外社会科学》，2015 年第 4 期。

② Blumenreich U. Compendium cultural policies and trends in Europe：Germany［R］. http：//www. culturalpolicies. net . 2013(14th edition).

法》规定了国家文化行动需遵循一定的原则和规范来维护、发展和传播文化,保障文化权利和自由;同时,确立了国家对文化发展的资助水平——联邦预算 2%与地区预算 6%(不包括媒体)。而在《俄罗斯联邦文化法》中包含了文化部门合伙特别准入、慈善和捐赠活动等的具体规定;此外,政府提出的"2020 战略"关注创新,强调对文化、教育、科学发展的投入与扶持;2012 年 5 月的总统令则提出"扩大俄罗斯在国外的文化地位,加强俄语在世界上的地位,建立俄罗斯科学与文化网络中心"[①],谋求在互联网时代俄罗斯本土文化的国际影响力的提升。

瑞士则对联邦宪法进行了修订,修订后的宪法包含的法律条款突出了促进文化多样性、保护文化遗产、丰富文化艺术活动的目的。例如宪法规定"应促进共同福利、可持续发展、内部凝聚力和国家的文化多样性"(宪法第 2 章),"保障语言自由"(宪法第 18 章),"保障艺术自由"(宪法第 21 章),"联邦可以支持国家利益的文化活动、鼓励艺术和音乐、教育的发展"(宪法第 69 章),"联邦政府应当保护风景、地区、历史遗迹和自然文化古迹,应支持自然文化遗产保护行动"(宪法第 78 章),"为广播、电视以及其他形式的特色节目与信息的公众转播完善立法"(宪法第 93 章)等条款,明确了为实现保障文化艺术多元化、保护文化遗产、扶持艺术、音乐与广播电视发展的目标应给予积极的扶持。此外,2012 年瑞士实施了《联邦文化促进法》,规定联邦政府在促进文化发展方面的职责以及文化政策准则,提出"通过促进文化发展提升瑞士文化凝聚力、保护瑞士文化多样性,通过促进文化发展、鼓励类型丰富的优质文化资源的供给,通过促进文化发展为文化艺术从业人员和文化机构创造优良环境,通过促进文化发展让民众更主动参与文化活动、更方便地享用文化服务,通过促进文化发展塑造瑞士文化强国的国际形象",[②]成为瑞士积极扶持文化发展的基本方针。

---

① Fedorova T; Kochelyaeva N. Compendium cultural policies and trends in Europe; Russian Federation [R]. http://www.culturalpolicies.net. 2013 - 12.

② Weckrle C. Compendium cultural policies and trends in Europe; Switzerland[R]. http://www.culturalpolicies.net . 2012(13th edition).

二、公共文化发展的资金
保障：财税政策扶持[①]

政府对公共文化给予财税扶持是公民文化权益实现的重要保障。从文化属性来看，对公共文化设施的可持续性投入与国家层面实现文化发展的可持续性，需要政府设计科学合理的文化政策给予扶持；[②]从经济属性来看，对公共文化的扶持是提升公民文化素养、培育潜在的文化消费群体的重要制度安排。虽然欧美各国致力于鼓励与激发民间组织与私人社会资本与捐赠源源不断地注入公共文化建设，但国家层面对文化艺术的财政扶持仍然是公共文化建设资金的重要来源与基础保障，特别是对文化艺术机构、艺术家的私人捐赠与赞助实施免税政策，为公共文化建设发展提供了良好的制度环境。

德国重视对大型公共文化设施的财政投入。从近些年的投入实例来看，2006 年，德国联邦政府的财政补贴扶持柏林三大歌剧院；2007 年，联邦议会设立 4 亿欧元的特殊文化基金，并支出 50% 用于柏林国家歌剧院整修；2008 年，联邦共和国与柏林地区签订文化之都融资合约，确定联邦对柏林的文化资助持续到 2017 年底。实际上，德国尤其重视对博物馆、档案馆、公共艺术的发展，在财税扶持上确保投入的连续性。从下表 1 可以看出，2005 年至 2014 年，德国用于公共文化支出的规模逐年稳健增加，到 2014 年高达 9 493.5 百万欧元，其中自治市与各州的支出比重超过 85%，而且联邦政府对公共文化的投入比重呈现增长态势。此外，德国颁布的《基金会税收法案》规定对部分公共文化活动或类似于剧院表演的非盈利活动采取免增值税与企业所得税，要求设立公共基金会，并规定向基金会捐赠的组织与私人给予税收激励，从而刺激了

[①] 解学芳、臧志彭：《国外文化产业财税扶持政策法规体系研究：最新进展、模式与启示》，《国外社会科学》，2015 年第 4 期。

[②] Stylianou-Lambert T, Christodoulou-Yerali NBM. Museums and cultural sustainability：stakeholders, forces, and cultural policies[J]. International Journal of Cultural Policy, 2014, 20(5)：566 - 587.

基金会的遍地开花。例如联邦文化基金会、普鲁士遗产基金会、魏玛经典基金会等，对促进公共文化建设起到了关键的作用。

表1　2005—2014 年德国公共文化支出及占比情况（单位：百万欧元）

层级 \ 年度	2005	2006	2007	2008	2009	2010	2011	2012	2013	2014
自治市/自治区 支出额 占总支出比	3 641.8 45.3	3 702.3 45.4	3 759.9 44.4	3 953.4 44.9	4 052.8 44.4	4 124.9 43.9	4 215.5 44.8	4 361.4 45.9	—— 	——
州 支出额 占总支出比	3 393.8 42.2	3 445.6 42.3	3 634.6 43.0	3 741.2 42.5	3 861.2 42.3	4 010.2 42.7	3 942.1 41.9	3 823.5 40.2	4 051.7 	4 167.6
联邦政府 支出额 占总支出比	1 001.4 12.5	1 000.8 12.3	1 065.8 12.6	1 111.4 12.6	1 223.6 13.4	1 257.8 13.4	1 249.5 13.3	1 308.6 13.8	1 344.4 	1 526.5
总支出	8 037.0	8 148.7	8 460.3	8 806.0	9 137.6	9 392.9	9 407.1	9 493.5		

数据来自：Compendium cultural policies and trends in Europe：Germany ［R］. http：//www. culturalpolicies. net. 2016. 1.

英国对公共文化的重视与扶持表现为三个层面：一是政府或文化艺术委员会等机构大力扶持公共文化。例如，英国政府建立了 4 000 万英镑的基金扶持 2012 年奥林匹克运动会和残奥会，促进青年群体对艺术与体育的兴趣，而由公众和私人基金构成的 7 500 万英镑的基金则用于"盛典 2012"的文化活动；2013 年，40%的基金用于健康、教育、环境和慈善事业，而体育、艺术与遗产各占 20%。[①] 二是英国对公益性文化行业实施税收优惠政策。例如，对图书出版、期刊、报纸不征增值税，积极扶持图书出版业发展。三是鼓励私营部门和文化艺术机构建立合作伙伴关系。一方面，英国文化、媒体和体育部（DCMS）对公共文化的财政扶持政策趋于凸显私人部门的作用——政府财政投入缩减了 25%，2014—2015 年度仅为 11 亿英镑；DCMS 对英格

---

① 疏影薇，冉杰夕：《国文化艺术基金：平衡文化　补充财政　推进普及》，《中国文化报》，2014年 1 月 16 日。

兰艺术委员会的拨款也减少了29.6%(约1亿英镑),2014—2015年收到的财政拨款仅为3.5亿英镑……说明英国政府鼓励私人部门为公共文化发展提供资金扶持的政策大趋向。① 另一方面,强调对从事公共文化以及相关慈善性质的组织捐助资金的私营部门可以享受税收减免政策,驱使私人或营利性组织资助文化艺术,大量私人资金流入艺术、博物馆、遗产等具有慈善性质的机构;此外,支持与鼓励公私文化机构合作可以享受赋税减免——如果一个慈善或教育机构(如艺术组织)借用一个企业的员工所获得的补贴或所得工资适用于税收减免。

法国重视从税收上给予公共文化扶持。在法国,正常增值税税率是19.6%,但博物馆、遗迹、展览和文化遗址、电影院等适用于中等税率5.5%,特定的2.1%税率则适用于出版社、公共广播、新上演的戏剧作品的前140场表演等。② 法国重视文化设施建设,每年投入兴建公共图书馆、博物馆、影剧院等文化设施上的财政拨款高达几十亿法郎。例如,2010年,法国文化部发起"区域博物馆"计划,投入7 000万欧元用于扶持整个地区的博物馆建设项目。从法国国家层面资助公共文化的情况来看(见表2),2015年用于泛文化与文化研究的支出达28.72亿欧元,远远高于媒体与产业类的支出,而且对于民族教育与研究的扶持力度也很大。此外,对文化遗产遗迹、博物馆、美术馆、无形遗产等文化遗产以及文化艺术的扶持尤为突出。由表2数据可知,法国2015—2016年的文化预算呈现稳健的增长趋势,其中2016年法国文化部对使命型文化的预算占比高达80.1%,③说明文化预算目标侧重文化遗产的保护、文化创作与知识传播等公益性文化与文化创新等方面。

---

① Hesmondhalgh D, Nisbett M, Oakley K & Lee D. Were New Labour's cultural policies neo-liberal? [J]. International Journal of Cultural Policy,2015,21(1):97–114.

② Perrin T; Delvainquiere JC; Guy JM. Compendium cultural policies and trends in Europe:France [R]. http://www.culturalpolicies.net .2013(14th edition).

③ Council of Europe/ERICarts, "Compendium of Cultural Policies and Trends in Europe[R], 18th edition", 2017.

表 2 2015—2016 年法国公共文化支出与文化部预算情况（单位：百万欧元）①

2015 年法国政府公共文化主要支出情况（单位：百万欧元）			
文化与传播部门		其他相关部门	
文化与文化研究	2 872	民族教育、高等教育与研究	2 775
媒体,图书,文化产业（除广播）	561	体育、青年、大众教育与协会	1 025

2015—2016 年法国文化部预算情况（单位：百万欧元）

预算分布类型	预算规模		占比
	2015	2016	2016
使命型文化	2 596.2	2 750.2	80.1
175 个遗产项目	752.3	869.8	25.3
131 个创作项目	736.1	747.4	21.8
224 个知识传播与民主文化项目	1 107.8	1 133.0	33.0
高等教育与研究型文化	117.2	122.4	3.6
186 项文化与科学研究	117.2	122.4	3.6
媒体、图书与文化产业	714.9	561.0	16.3
180 个出版项目	256.4	255.3	7.4
334 个图书与文化产业项目	268.9	276.5	8.1
313 个广播与无线电多样化项目	189.6	29.2	0.9
总计	3 428.3	3 433.6	100.0

Sources: Council of Europe/ERICarts ，"Compendium of Cultural Policies and Trends in Europe, 18th edition"，2017.

俄罗斯对公共文化的财税扶持有明确的法律依据,而且资助力度很大。首先,从税收体系上确立对公共文化的资金扶持。俄罗斯的《公民和预算法典》规定,国家在文化领域中需承担融资义务,即政府应是文化事业单位的公共资金提供者,并规定对"文化历史遗迹修复工作,维护文化遗产与转移慈善货物、作品、服务"减免税收,对"属于艺术家或民间手工艺家的建筑和活动场

---

① Perrin T；Delvainquiere JC；Guy JM. Compendium cultural policies and trends in Europe：France［R］. http：//www.culturalpolicies.net . 2016.

所,用作工作坊或对公众开放的私人展览、图书馆、画廊、博物馆等建筑"免除
税收,可见,俄罗斯对文化实施的税收优惠条款具体而明确。其次,俄罗斯实
施的《文化古迹法》明确了国家和当地政府对不动产对象和相关的绘画、雕塑、
装饰艺术等文化遗产给予资金扶持,规定政府要承担文化遗产项目的利用和
保护责任。此外,俄罗斯积极通过资金资助方式扶持公共文化发展(见表3),
2010年,俄罗斯用于博物馆与展览项目、图书馆、文化家园的财政支出规模是
最大的,占文化类总支出的比重高达34.57%。[①] 此外,从2013—2020年的规
划来看,俄罗斯联邦文化和旅游发展国家项目重点任务定位于"保护和合理利
用文化遗产,提高图书馆服务质量和增加可获得图书馆的途径,提高博物馆的
质量和增加可获得的途径,确保档案集合的保存、收购和合理使用"等。

表3　2005—2010年俄罗斯联邦预算公共文化支出(单位：百万卢布)

分　类	2005	2007	2010
文化,电影艺术和大众媒体	39 173.1	67 804.7	107 340.2
文化包括：	16 901.1	35 757.7	50 473.9
俄罗斯文化联邦目标项目(FTP)			12 841.4
资本投资			3 843.2
文化家园			2 425.7
博物馆和展览			12 015.7
图书馆			3 004.7
表演艺术			10 747.0
电影艺术	2 686.2	3 684.4	5 562.4
广播	10 918.3	20 704.3	36 725.1
期刊和出版业	387.2	3 345.0	4 103.2
应用研究	173.3	287.0	398.8
其他	8 107.0	4 026.3	10 076.9
合计：联邦预算支出	3 047 929.3	4 794 455.2	8 846 973.5
合计百分比(%)	1.3	1.4	1.2

---

① Fedorova T; Kochelyaeva N. Compendium cultural policies and trends in Europe: Russian Federation
[R]. http://www.culturalpolicies.net . 2013(14th edition).

瑞士从制度上确保大量财政资金用于公共文化服务。一方面,联邦文化局(BAK)隶属的历史遗迹与文化遗产保护部门重视修缮和保护涉及国家利益的历史古迹,对国家图书馆与文化遗产传承相关的协调与推广项目进行全额或部分资助,主要财政投入由各州、市政府承担。另一方面,《联邦文化促进法》的相关规定保障了公共文化投入的可持续性。根据 2012—2015 年的预算,瑞士投入 6.37 亿瑞士法郎(约 5.14 亿欧元)专门对语言、音乐教育、阅读,艺术与文化项目给予扶持;与其他欧洲国家相比,瑞士对公共文化领域的资金投入多来源于社会资本,如赞助人、文化基金会等私人或私企的资金;特别是民间基金会每年支出 10—20 亿瑞士法郎,其中 3—5 亿用于文化支出,支持力度大。①

在瑞典,政府扶持公共文化的力度逐年加大。从相关政策来看,《遗产纪念法案》(1988)、《广播电视公共服务融资法案》(1989)、《瑞典档案保护法案》(1990)、《图书馆法》(1996)、《区域文化活动政府补助分配法案》(2010)等都成为政府资助公共文化的法律依据。从数据来看,2008—2015年,瑞典用于公共文化的支出总额增加幅度在 10% 左右。特别是 2012 以来,国家对文化的支出呈现大幅增加(约占总投入的 43%),区域政府在文化支出总量中的比重也明显上升;其中,2015 年用于大众教育的支出为 38 亿瑞典克朗,区域文化活动、博物馆与文化展览投入分别为 13 亿、14 亿瑞典克朗,还有 13 亿瑞典法郎用于戏曲、音乐和舞蹈等文化艺术领域;②从分布情况来看(见表4),除了文化教育支出比重最高之外(34.0%),国家财政用于博物馆为代表的文化遗产的支出占比高(23.8%),而且是唯一呈现正增长趋势的资助行业,说明瑞典对文化遗产类公共文化的扶持明显高于其他领域。

---

① Weckrle C. Compendium cultural policies and trends in Europe:Switzerland[R].
   http://www. culturalpolicies. net. 2014 - 11.
② Harding T. Compendium cultural policies and trends in Europe:Sweden[R].
   http://www. culturalpolicies. net. 2016 - 11.

表4　2015年瑞典国家层面文化支出情况

领　　域	支出规模（1 000瑞典克朗）	占比（%）	趋势（++到--）
I. 文化遗产	2 670 000	23.8	+
历史古迹	920 000	7.9	
博物馆	1 395 000	12.4	
档案室	355 000	3.1	
图书馆	市政当局为公共 图书馆提供基本资金		
非物质文化遗产/民俗文化	——		
II. 视觉艺术	80 000	0.7	+ -
美术/造型艺术/摄影/建筑/ 设计/应用艺术	——		
III. 表演艺术	1 278 000	11.4	+ -
音乐、音乐剧场、剧院、舞蹈			
IV. 书籍与报刊	311 000	2.7	-
V. 视听与多媒体	310 000	2.8	+ -
VI. 跨学科	——		
文化关系、国外社会文化	——		
文化教育	3 800 000	34.0	
VII. 其他	2 736 000	24.5	
总计	11 185 000	100	

资料来源：Myndigheten för kulturanalys；Council of Europe/ERICarts，"Compendium of Cultural Policies and Trends in Europe, 18th edition"，2017。注："——"表示尚未有具体统计数据。

　　美国对公共文化的财政扶持具有间接性。美国政府对公共文化的财政资助是有限的，且通过扶持文化非营利组织来主导公共文化的发展。一是美国对文化非营利组织实施免税政策，鼓励私人、企业投入公共文化。按照美国《国内税收法》规定，向法律许可的一切文化机构捐助款物的个人和单位可享受销售税与财产税的减免优惠政策；《免税组织指南》则规定交响乐团等九种文化艺术组织享受免税待遇，以此体现政府对高雅文化艺术与文化遗产的鼓励与保护①；州政府的财政拨款侧重对文化艺术领域的地方文化组织与文化团体给予资助，纽约市25%的文化非营利组织得到过政府资金扶持；而对文化非营利组织实施税收减免政策的州政府高达50个。② 二是鼓励私人与企业对文化艺术与文化非营利组织赞助与捐赠。美国征收高税率的遗产税和企业高达33%的利润额的税率，与慈善捐赠免税的巨大反差，调动了企业与私人对公共文化捐赠的积极性，促使社会捐赠高达美国文化预算的半数。三是政府通过基金会资助公共文化服务是常态。例如，美国联邦政府对美国博物馆及图书馆服务协会、国家人文基金会、国家艺术基金会、肯尼迪中心等每年资助额高达10亿美元，刺激了文化艺术的繁荣；其中，美国国家艺术基金会（NEA）资助优秀的非营利性文化机构具有风向标的作用，刺激了艺术资助体系的多元化与公共文化的繁荣。③

三、文化基金会与公共文化服务建设：社会助推器④

欧美各国通过文化基金会扶持公共文化建设，既体现一国对公共文化建设的"一臂之距"的管理原则，也体现了对公共文化扶持的多元思维、对公民文化权益的关注，推动着文化产品与文化服务供给方式的多元化。从表5可以看出，政府公共资金或文化基金会资助的文化艺术机构的服务价格远低于私营部门提供的文化产品的价格，真正承担着公共文化服务的基本功能。例如，2015年，在比利时，公共或基金会资助的文化机构提供的艺术教育对于11岁以下的学生是免费的，对于12—18岁的学生每年仅收取69欧元；在法国，基

---

① 苗瑞丹：《反思与借鉴：美国公共文化政策对我国文化发展成果共享的现实启示》，《学术论坛》，2013年第10期。

② 杜晓燕：《美国财政政策对文化产业投融资的支持探析》，《财政监督》，2011年第12期。

③ 李妍：《精英VS大众？艺术VS政治？——美国国家艺术基金会的运行理念与奖助实践的变化》，《美术观察》，2016年第7期。

④ 解学芳、臧志彭：《国外文化产业财税扶持政策法规体系研究：最新进展、模式与启示》，《国外社会科学》，2015年第4期。

金会资助的艺术教育最低每小时仅为 0.88 欧元；在俄罗斯,艺术教育是免费的,博物馆入场费对 16 岁以下也实施免费政策……

表5　2015 部分欧盟国家与英国文化服务的价格比较(单位：欧元)

国家	私营部门文化			公共或资助的艺术机构		
	音乐/专辑	图书/平装	电影/每场	博物馆/入场费	艺术教育/每小时	剧院/二类
澳大利亚	16.99	11.30	9.60	11/19岁以上	14/50分钟	85
比利时	21.50	8.30	10	13	<11岁 免费；12—18岁 69/年	85
保加利亚	10.26	10.2	5.13	3.06—5.11	社区160.6/年	6.12—10.20
芬兰	18.95	10.9	13	12	22	30.50—99
法国	12.99	8.30	11.70/4(14岁以下)	15/一般；免费(小于18岁/无业或享受福利救济金)	4.88(最低0.88欧；最高13.3)	130
德国	13.99	10.9	7.3—10.8	10—12	25—36	39—60
希腊	17.99	9.89	7.50	6.50	25.00	30.00
荷兰	19.99	14.5	10.50	17.50	27.50	87—96
挪威	18	18	11	5	25	67
波兰	12.91	9.39	6.12—7.3	2.8—4.7	9.4—21.2	15.53—28.24
俄罗斯	15.3	—	5.7	成人：4.3；16岁以上学生：2.1；16岁以下免费	免费	126.4
西班牙	14.99	20	8.7	4	19.1	91
瑞典	18.2	22.7	20.67	16.15	13.46	36.61
英国	13.98	11.1	14	19.6	17.5	77—100.8

数据来源：European Institute for Comparative Cultural Research（ERICarts）based on data provided by Compendium authors from respective countries. Data collected during October-November 2015.

文化基金会在公共文化培育、繁荣方面发挥着重要作用。在美国，鼓励文化基金会扶持文化发展形成了《基金法》《国家艺术及人文事业基金法》等完善的制度体系。美国的国家艺术基金会代表政府向文艺团体与艺术家提供资金扶持与技术援助，国家博物馆委员会专门资助博物馆与美术馆等……①。以美国弗吉尼亚美术博物馆为例，2015 年博物馆收入达 3 187.1 万美元，其中来自政府及公共基金会的投入为 1 049.6 万美元，而基金会、私人捐赠的收入为 1 126.2 万美元②，可见基金会对弗吉尼亚美术博物馆的高效、高质运行起着至关重要的作用。在瑞士，1965 年就颁布了《瑞士文化基金会法》，联邦政府拨款资助成立瑞士文化基金会，大力扶持视觉艺术、音乐、文化人文学科、戏剧、舞蹈、文化等多个领域的发展，并重点扶持"艺术性及创造性作品的多样性发展，提高瑞士艺术文化的知名度，培育当代流行文化，鼓励文化交流"。一般来说，瑞士文化基金会采用四种方式扶持文化项目——遴选并资助优秀文化项目方式（约占 70%），内部项目资助（约占 10%）、文化中心网络与海外办公室资助（约占 17%）、信息与推广材料资助（约占 3%）等。③ 在德国，萨克斯颁布的《非盈利与捐赠法案》规定捐赠不受 20% 所得税的限制，并将建立基金会的免税津贴从 30 万欧元升到 100 万欧元④，极地地刺激了基金会的快速发展。在瑞典，文化基金会反映出国家、市场、民间社会、私人赞助和文化专业协会之间复杂的互动网络，致力于公民平等获得、享受、参与文化内容与议题，由此赋予了基金会重要的功能——大多数国家博物馆、档案馆的数字化与文化艺术项目的发展与实现都得益于不同基金会与社会组织的扶持，而文化志愿者为文化艺术每年工作的时间也达到了年均 100 小时。⑤

其次，文化基金会大力资助与扶持艺术家。一是法国通过文化基金会扶

---

① 熊澄宇：《世界文化产业研究》，北京：清华大学出版社，2012：77-81.
② 数据来自弗吉尼亚美术博物馆网站，https：//vmfa. museum/.
③ Weckrle C. Compendium cultural policies and trends in Europe：Switzerland[R]. http：//www. culturalpolicies. net. 2014-11.
④ Blumenreich U, Compendium Cultural Policies and Trends in Europe：Germany, http：//www. culturalpolicies. net/web/germany. php? aid=1.
⑤ Harding T. Compendium cultural policies and trends in Europe：Sweden[R]. http：//www. culturalpolicies. net. 2016-11.

持艺术家。基金会对文化的赞助占到法国基金会的 22%——卡地亚基金会、法国基金会、皮埃尔·贝尔热伊圣罗兰基金会、让·吕克·拉加尔代尔基金会、人民银行基金会等对文化艺术发展做出了重要贡献。实际上，文化基金会除了资助优秀文化项目，更重要的是资助、扶持、培育艺术家。例如，法国的当代艺术国家基金致力于挖掘年轻艺术家，资助、培育艺术家的成长；而遍布法国各地的当代艺术地区基金会扶持的艺术家高达 4 200 位。二是德国通过各种不同的基金会资助艺术家，例如德国文化基金会、视觉艺术基金会、德国文学基金会、社会文化基金会、表演艺术联邦基金会、德国翻译基金会等给予艺术家大量的资金扶持。三是瑞士联邦文化处出资设立了艺术家特别基金——瑞士文化社会基金，为需要帮助的艺术家提供资金援助。四是美国艺术基金大多具有扶持艺术家的功能。例如安迪·沃霍尔视觉艺术基金会就是专门扶持视觉艺术家的基金会，它通过捐赠艺术家所在的非营利艺术机构满足扶持艺术家创作、展示与研究的目标；基金会旗下的"创意资本"项目致力于战略性投入（资金投入、咨询与推广服务）具有创新性艺术项目的艺术家，提高与培育艺术家的创作能力。"创新资本"和"职业发展计划与艺术家驻地创作计划"等项目已经资助艺术家近万人[1]。

再次，文化基金会在推动文化数字化方面也发挥着重要作用。法国于2002 年针对新媒体项目设立了特别基金会，支持与资助创新性的广播节目与数字视听作品，将互联网与手机的文化特点融合到传统的艺术手法与传播方式中，并通过数字化设备增加艺术文化获得载体以便吸引更多的受众。瑞士联邦政府实施"四年计划"（2012—2015 年"文化信息"计划），鼓励将新信息技术应用于文化领域，致力于实现文化数字化，特别是通过瑞士文化基金会与联邦文化局的合作扶持与鼓励具有艺术价值的博物馆图像数字化与档案数字化等。韩国成立了游戏产业发展基金，扶持初创期的游戏企业发展，并设立了韩国游戏大奖；2010 年出台《电子出版产业育成法》规定政府五年内投入 635 亿

---

① 冯涛，岳晓英：《美国的艺术资助机制及对我国艺术发展的启示——以安迪·沃霍尔视觉艺术基金会为例》，《江苏大学学报（社会科学版）》，2015 年第 3 期。

韩元培育与扶持电子出版发展。[①] 荷兰则于 2013 年和谷歌达成合作协议投入 6 000 万欧元促进新闻行业的数字化转型。

四、借鉴与建议：加快构建我国公共文化发展的多元保障体系[②]

2017 年 10 月,十九大报告指出,我国主要社会矛盾转化为人民日益增长的美好生活需要和不平衡不充分的发展之间的矛盾。人们对美好生活的向往意味着对丰富的高质量文化生活需求提出更高要求。换言之,完善公共文化服务体系、创新中华优秀传统文化、提升文化惠民工程建设质量变得重要而迫切。

首先,鼓励文化创新、对公共文化建设给予积极的财政政策扶持,构建制度自信与文化自信。文化创新是公共文化建设的重要内容,也是我国文化自信与中华文化传承、可持续发展和提升的核心与根本。文化创新的核心是文化人才。欧美各国对文化创新活动与创意人才的扶持力度明显高于我国。鉴于此,财税政策法规不仅要关注经济效果,还应将文化创新、创意人员数量等具有社会效益的指标考虑进来[③]。特别要从政策层面加大对创新活动、创意人才、文化领军人才的扶持力度——推行所得税减免优惠政策、设置文化类奖励、提供资金资助等,鼓励文化创新,培育一批文化领军人才,形成良性循环的文化创新生态。实际上,加大政府对公共文化服务的财税扶持,既是保障公民文化权益实现的基础,也是确立一国文化发展特色,激励、推动文化持续发展的重要手段。[④] 近些年,对于公共文化发展的法制建设日趋完善,如《中华人民

---

① 陈玉凤,黄先蓉:《韩国数字出版法律制度的现状与趋势》,《出版科学》,2013 年第 1 期。

② 解学芳,臧志彭:《国外文化产业财税扶持政策法规体系研究:最新进展、模式与启示》,《国外社会科学》,2015 年第 4 期。

③ Collins A, Snowball J. Transformation, job creation and subsidies to creative industries: the case of South Africa's film and television sector[J]. International Journal of Cultural Policy,2015,21(1): 41 - 59.

④ Losson, P. The creation of a Ministry of Culture: towards the definition and implementation of a comprehensive cultural policy in Peru[J]. International Journal of Cultural Policy, 2013,19(1): 20 - 39.

共和国文物保护法》(2007 修订)、《中华人民共和国非物质文化遗产法》(2011)以及 2017 年 3 月实施的《中华人民共和国公共文化服务保障法》等,为保障公共文化投入与建设提供法律依据。下一阶段需以开放的思维与"大文化概念"扶持与发展公共文化,积极与文化产业发展融合,达到活化公共文化、丰富文化产品供给、提升公共文化服务效能的目的。

其次,探索更有效率和长远效益的文化税收优惠政策,增强公共文化可持续发展的活力。采用税收优惠方式扶持公共文化发展是欧美各国通用的做法。纵观我国近些年对文化发展落实的税收优惠政策,多聚焦在文化企业、文化产业园区/示范基地等,忽略了文化建设的核心是创意集聚的人,税收减免政策中对文化/创意人才的忽视不利于公共文化生态的形成。从欧美国家实践来看,爱尔兰《艺术家所得税豁免法》规定,艺术家在文学作品、音乐作曲、绘画、雕塑等领域的文化所得年收入不超过 25 万磅的艺术家免征所得税,年收入超 25 万磅的其超过部分按正常税率减半征收;[1]英国对作词家、作曲家、剧作家等创作周期长、收入水平低的特殊文化从业人员,建议采用税收分配到几年里进行纳税;加拿大也对作者、艺术家、制片人、音乐人、演员及其他创意人才实施税收减免政策,例如魁北克省,所得不超过 2 万加元的艺术家其 1.5 万加元部分所得免于征税,收入超 2 万加元的部分减半征税,减免最高额度为 3 万加元。[2] 我国文化税收优惠政策设计也应以开放的思维,既要针对文化项目实施税收减免政策,还要对文化创意人才实施所得税优惠政策,这是我国建立科学、完善的文化税收优惠政策体系应该思考的方向。

再次,鼓励文化社会组织与多元社会资本进入公共文化建设领域,培育公共文化生态。文化社会组织参与公共文化建设的实践在大城市已经取得良好的运营效果,其成功经验的进一步推广将成为公共文化社会化发展的范本;而文化志愿服务在城市公共文化建设中开始扎根发芽,有才艺、有知识、有能力

---

① 郭玉军、李华成:《欧美文化产业税收优惠法律制度及其对我国的启示》,《武汉大学学报》2012 年第 1 期。

② M. Auburn, Utilizing Tax Incentives to Cultivate Cultural Industries and Spur Arts-Related Development[EB/OL]. http://www.docin.com/p-305194001.html.

与有意愿的文化志愿者正以积极奉献、互助的志愿精神投入到公共文化建设中——2016 年 7 月，我国颁布了《文化志愿服务管理办法》，鼓励与引导着文化志愿者与文化志愿组织参与公共文化建设，推动其向着常态化、规范化与制度化轨道发展，文化公益生态在悄然形成。此外，从欧美各国扶持公共文化建设的经验来看，确保公共文化发展资金来源的多元化是关键所在。一直以来，我国公共文化建设过度依赖政府，扶持资金会受到政府预算、国家战略、文化政策、实施效果等多种因素的影响，公共文化服务效率与服务效果有待提升。因此，鼓励与吸引多元化的社会资本进入公共文化领域是下一个阶段的文化法制创新重点。一方面，政府文化部门与私营企业可以签署合作伙伴协议，通过成立基金理事会的方式为公共文化建设提供多元化的资金来源；另一方面，通过税收优惠、捐赠免税等政策设计鼓励与吸引来自非营利组织、商业机构以及私人投资者的文化资助；此外，优化文化社会组织与其他社会组织参与文化设施运营与公共文化服务供给的多元发展模式，真正形成公共文化与相关行业协同发展、互促共建的新格局。

14

焦作"百姓文化超市"：
菜单式文化服务的典范

卫绍生　田　丹*

摘　要　焦作市"百姓文化超市"作为河南省第三批公共文化服务体系示范项目,在精准文化惠民、激发群众创造活力、扭转基层文化生态、扩充文化服务队伍方面取得了良好效果,充分体现了"互联网+公共文化"的深度融合。本着文化惠民、利民、便民的原则,焦作市创新需求反馈机制、建设交流平台、分众实施订单配送,缓解了基层公共文化服务供给侧结构性矛盾,为加快构建现代化公共文化服务体系提供了范例。本文重点介绍焦作市基层公共文化服务的创新举措,分析焦作市"百姓文化超市"的运作模式及其在服务创新、模式创新等方面取得的显著成效,总结其"菜单式"精准文化惠民的成功经验,以期为构建现代公共文化服务体系提供有益借鉴。

关键词　公共文化服务　文化超市　菜单式　精准文化惠民

　　党的十八大以来,以习近平同志为核心的党中央高度重视现代公共文化服务体系建设,中央先后出台了《关于加快构建现代公共文化服务体系的意见》《关于推进基层综合性文化服务中心建设的指导意见》,为加快构建现代公共文化服务体系作出了系统规划。河南省积极贯彻落实中央精神,于2014

* 卫绍生,河南省社会科学院文学研究所所长、研究员,主要研究方向为中国文学和文化学;田丹,河南省社会科学院文学研究所研究实习员,主要研究方向为传播学。

年在全省开展创建公共文化服务体系示范区和示范项目活动,截至目前共完成四批示范区和示范项目的建设及评审工作,形成了一批有影响力、效果好的示范项目,其中最具代表性的应属焦作市的"百姓文化超市"。焦作市基于"互联网+服务"的理念创造性地提出搭建"文化超市",实现了文化服务的"菜单式"供应、"订单式"配送,其做法在整合文化资源、精准文化惠民方面具有一定的典型意义。

一、"百姓文化超市"基本情况

为了解决基层公共文化服务的一些共性难题,焦作市在武陟县"农民文化超市"试点经验的基础上,面向全市实施"百姓文化超市"惠民工程。2016年1月,焦作市"百姓文化超市"成功入选河南省第三批公共文化服务体系示范项目,并被焦作市列为重点民生工程。本着打通公共文化服务"最后一公里"的服务原则,焦作市遵循开放、创新、合作、共享的服务理念,不断探索基层公共文化服务的运行模式,为建设和完善基层精准文化惠民服务提供了可资借鉴的模式。

(一)"百姓文化超市"项目背景

长期以来,基层公共文化服务面临三大主要难题:第一,文化供给与百姓文化需求不匹配,由于政府和群众之间沟通渠道不通畅,政府送出去的文化服务与老百姓需要的、想要的文化服务存在不小差距。"送文化下乡"中常见的送戏、送书、放电影已经不能满足基层人民群众日益多元化的文化需求。由于缺乏及时有效的沟通渠道,"产销不对路"的情况经常发生。第二,文化阵地服务效能低,已经建成的文化服务中心缺乏有吸引力的服务内容。文化大院、农家书屋里采购的书籍要么内容单调,要么"不接地气儿",过于专业化,导致已经建成的文化阵地很难有效发挥其文化职能。第三,文化服务工作偏重硬件设施建设,内容建设和服务效能没能同步跟上。不少地方的基层文化服务重心放在了建设文化服务实施上,文化设施很精美,而提供的文化内容和相关服务却远远不能满足人民群众的需求，成为基层文化服务的一大短板。

为了切实满足基层人民群众的文化需要，焦作市于2015年5月在武陟县建设"农民文化超市"，搭建文化服务网络平台，将文化演出、图书报刊、公益电影、文化培训、文化志愿服务等纳入超市订单收集栏目，"服务项目总菜单"中设有免费开放类、省市配送类、政府补贴类、商业演出类、便民服务类5种类型服务项目。老百姓使用手机勾选自己喜欢的内容，完成"下单"服务，即可享受到文化服务的"订单式"配送。"菜单式"供给、"订单式"配送的运作方式有效缓解了文化供给和文化需求之间的矛盾，一定程度上提升了基层文化服务效能。据报道，仅2015年"农民文化超市"共举办文艺演出、文化培训等各类文化活动1 600多场，组织"舞台艺术送基层"演出360多场，文化演出队伍发展壮大到3 700多个。[1]

（二）"百姓文化超市"项目概况

2016年年初，在"农民文化超市"的基础上，焦作市整合全市文化资源，创建服务于全市群众的文化超市网络服务平台——百姓文化超市。"你点单，我服务"是百姓文化超市的显著特点，其具体做法是：搭建一张大网、构建三个平台。一张大网，即设立焦作"百姓文化超市"网作为惠民服务总站，"百姓文化超市"网纵向设有县、市、区文化超市服务版块，横向将市图书馆、文化馆、博物馆等文化资源纳入百姓文化超市网，并将文化、科技、体育、文联等部门的服务项目纳入网内。登录"百姓文化超市"网站，点选"超市菜单"一栏，可以看到焦作市2017年度"中原文化大舞台"演出安排表、免费开放类服务项目、商业演出类服务项目以及焦作市当月公共文化活动信息，市民可根据文化菜单选择自己感兴趣的文化服务。对于市县、乡村地区的群众而言，可以点击"订单收集"一栏，填写"节目、联系人、联系电话、地址"几个关键词即能生成个人文化订单，位于焦作市文化馆的服务总站收到订单后将会根据订单内容及时

---

[1] 新华网河南频道，《焦作市打造百姓文化超市 "文化菜单"精准服务群众》，[EB/OL] http://www.ha.xinhuanet.com/agriculturenews/20161223/3592060_c.html.

安排文化配送。

三个平台，即计算机网络固定平台、手机客户端移动平台、微信公众号平台。除了"百姓文化超市"网，焦作市推出了"无线焦作"的手机应用软件和"焦作百姓文化超市"微信平台公众号。手机客户端"我要看演出""我要看图书""我要看新闻""我们要培训"等内容与"百姓文化超市"服务内容无缝对接。"焦作百姓文化超市"公众号设有"公共文化""我要点单""群众生活"三个栏目，点击其中任意一个将会跳转到"百姓文化超市"网的相关页面。三个平台之间实现互联互通，无论通过哪一种平台，都能实现随时点单、随时查询的伴随式服务。

为了最大范围地实现精准文化惠民，焦作市"百姓文化超市"分别在市、县、乡、村设立服务总台、联络台、联络站和统一的联络点。服务总站上连图书馆、文化馆、博物馆、国有院团，网罗全市文化资源，下接各乡镇、村、社区，整理"文化订单"。联络点设置超市管理员，负责搜集并上报群众想听想看的文化节目，这样就能确保对于互联网操作不熟练的留守老人也能享受到公共文化服务。截至目前，焦作市共在全市范围设立了500多个"百姓文化超市"联络点，公共文化服务实现了网络全覆盖。

二、"百姓文化超市"运作模式

"百姓文化超市"根本目的是满足基层人民群众多样化的文化需求，工作中心是以政府为主导优化整合城乡现有公共文化服务资源，基本思路是借助基层文化阵地的平台，采用"超市式"供应、"菜单化"服务、"订单式"配送的方法实现精准文化惠民。其基本运作模式是：创新需求反馈机制，建设交流平台，分众实施订单配送，使基层群众轻松实现足不出户尽享"文化自助餐"。

（一）创新需求反馈机制

"百姓文化超市"创新之处在于科学设置文化"菜单"，以订单配送的方式实现个性化精准服务。首先，对焦作市全市公共文化、民间文化、培训咨询等文化资源进行全面的梳理规整,编制出公共文化服务"总菜单"。文化演出、图书报刊、公益电影、文化培训、文化志愿服务等属于文化服务供给的内容,免费开放类、省市配送类、政府补贴类、商业演出类属于文化服务供给类型。从服务内容和服务类型上做出划分,全市文化资源一目了然,拎清文化服务供给菜单,为群众提供全方位、全覆盖的文化信息。其次,及时登记受理"文化订单"。以"百姓文化超市"联络点为单位,超市管理员通过走访、调查问卷等方式收集群众文化需求,同时对网络、客户端、微信平台产生的文化订单进行汇总,由市县两级文化行政职能部门进行受理并反馈。最后,精准配送文化产品和服务。针对汇总出的文化"订单",各相关职能部门分门别类进行分众化配送。从"总菜单"、受理订单到配送订单,"百姓文化超市"一站式服务,不仅盘活市内文化资源,而且实现了供给和需求的有效对接。

(二)建设交流平台

基层文化阵地服务效能低的主要原因在于没能做到"对症下药"。尤其是在农村地区,大量青壮年外出务工,常住人口多为老人和儿童。这些特殊群体对文化活动的要求也具有一定的特殊性,常规的"送书、送戏、送电影"并不具有针对性。为了便于直接掌握群众不同层次的文化需求,"百姓文化超市"把建设交流平台作为惠民工程的重要环节。其重点是"线上建网、线下建点"。网,主要指互联网平台。焦作市投运了"百姓文化超市"网站、微信公众号以及手机客户端。文化产品、文化服务与互联网深度融合,通过网站、微信、手机客户端即可实现互联网上自由组合"文化大餐"。据统计,2016 年全年"百姓文化超市"网点击量超过 33 万人次,"无线焦作"手机客户端下载量在 20 万人次左右,"百姓文化超市"服务网点达 445 个。[①] 点,主要指服务联络点。依托市文化馆、图书馆以及乡镇(街道)文化站和村(社区)综合性文化服务中心等服务设施,分级设置服务总台、联络台、联络站和联络点。在各级联络点统一悬挂标识牌,成立超市管理员工作队伍,确保每一位基层群众的文化订单无一遗

---

① 郭长秀,龙邦:手机下"订单"村民在家门口看演出[N],大河报,2016－12－22(08).

漏地向上传达。

(三)分众实施订单配送

"百姓文化超市"的关键环节是分众实施订单配送。为此,服务总台的管理员们每天要分类处理来自各市县区的文化订单。针对个人订单,管理员需要及时作出反馈,提供个性化服务内容或服务路径。针对基层文艺团队订单,管理员需要根据基层文艺团队的特点,利用"百姓文化超市"及时派送文化服务。2017 年,"百姓文化超市"把针对特殊群体、生活困难群众的精准文化配送作为惠民服务的重点工作,分众实施文化配送。积极开展针对性强的公益性文化培训、展演和科普活动,着力保障老年人、未成年人、残疾人、进城务工人员、留守妇女儿童等特殊群体的基本文化权益。同时,顺应城市化背景下农民结构的变化,将进城务工人员文化需求纳入常住地公共文化服务体系,针对47.6 万 30 岁以下青年进城务工人员,重点打造手机客户端,着力满足进城务工人员尤其是新生代进城务工人员的基本文化需求。针对贫困村和山区村,严格按照国家一个文化广场、一个文化活动室、一个简易戏台、一个宣传栏、一套广播器材、一套文体器材、一套体育设施器材的"七个一"建设标准,力求在2017 年底实现文化脱贫。

三、"百姓文化超市"成效初显

自2016 年以来,"百姓文化超市"共送戏下乡演出 3 600 场次,送电影下乡2.8 万场次,举办公益讲座培训 3 200 场次,指派各类指导老师 4.5 万人次,解答个人文化咨询 3.6 万余人次,基层文化队伍发展到 5 000 多个,群众线上订单 2 600 人次,受益群众超过 568 万人次。"百姓文化超市"开展的各项公共文化服务活动,客观上提升了基层群众参与公共文化服务的积极性,使得基层公共文化服务队伍不断扩军,一批有影响力的文化品牌基本成型,文化工作者的服务理念也得到进一步提升。

（一）公共文化服务队伍不断扩大

基层文化队伍是公共文化服务项目具体落实的关键,文化服务队伍决定了文化服务的成效。文化服务队伍是由专职文化部门派遣专业的从业人员构成,在政府主导作用下开展各项文化活动。随着基层人民群众生活水平不断提高,人民群众对美好生活的向往日益提升,对于公共文化服务有了新的需求。基层群众不仅共享新时代文化建设的成果,也迫切希望能够参与到文化服务建设中去。"百姓文化超市"在聚焦"送文化",更致力于"种文化",以切实提升基层公共文化的"造血"能力。"百姓文化超市"作为文化惠民平台,在基层群众和文化服务队伍之间形成直接有效的对接。在专业文化服务队伍的帮助下,广大基层群众自发形成了一支"带不走的文化队伍"。

2016年,接到"百姓文化超市"的订单后,焦作市豫剧院分别到苏家作乡司家寨村和解放区上白作街道上白作村演出戏剧。演出之余,了解到当地群众希望参与文化活动的意愿,市豫剧院与司家寨村、上白作村结成文化帮扶对子,不仅和村民共享道具、服装,同时帮助村民们组建属于本村的文化队伍,每逢重大节庆日村文化队伍邀请市豫剧院的演员们共同演出。中站区龙洞街道办事处投资60多万元对原武钢焦作矿职工俱乐部进行改造,在原俱乐部基础上建设社区剧场和健身中心。有了场地保障后,龙洞街道办事处通过"百姓文化超市"邀请专业的歌舞队、乐器老师对村民进行培训,鼓励群众在文化活动中"唱主角"。为了鼓励基层群众"创文化",焦作市文广新局通过互联网举办了自创节目大赛,鼓励基层群众自由创作反映家乡风貌、生活富裕、社会进步的各种类型节目,其中优秀的自创作品将列入"百姓文化超市"总菜单中,供全市群众点单。依托"百姓文化超市",焦作市各县(市)、区开展文化培训、结对帮扶活动,培养和造就了一批群众身边的文化能人,基层群众"自办文化"的积极性得到激发,农民文化队伍发展到3 730多个。"带不走的文化队伍"和专业文化队伍相互补充,使基层公共文化服务队伍不断壮大。

（二）群众参与性大幅提升

"百姓文化超市"打通了公共文化服务的"最后一公里"，由以前的政府送什么群众看什么，转变为"群众点什么政府送什么"。文化行政部门以"互联网+公共文化"的思路指导工作，畅通群众交流平台，切实掌握广大人民群众最真实的文化需求，以需定供，按照群众提交的文化订单实施精准配送。相较于以往简单的送文化下乡，"百姓文化超市"从根源上解决了"产销不对路"的问题。与此同时，"百姓文化超市"在建设过程中不断丰富文化资源，不断为文化菜单增添"新食材"。持续整合分布在不同部门、用途单一的基层公共文化资源，大力扩展文化项目，加快体育、科技、法律等部门资源与互联网的融合，增加政策咨询、科技培训、党员教育、体育健康等内容，使"百姓文化超市"更加具有实用性。按照国务院《关于加快构建现代公共文化服务体系的意见》中提出的"加快推进公共文化服务数字化建设"要求，将数字图书馆、数字文化馆、数字博物馆等数字文化服务纳入"百姓文化超市"平台，构建数字文化共享资源。公共文化精准服务和扩充文化资源相结合，使人民群众参与公共文化活动的积极性大幅提升。

"看地道战""想学手工剪纸""想照全家福"等类似订单在焦作市中站区龙洞街道文化活动中心公示栏随处可见，最早的一条后面显示"已满足，已联系我区农村数字电影放映队"。在"百姓文化超市"的引领下，孟州市组织"和睦家园"大讲堂，弘扬中华优秀传统文化和社会主义核心价值观，使莫沟村的村风民风发生了巨大变化，莫沟村编写的《莫沟村民公约》成为全村共同遵守的行为规范。武陟县组织了"美丽武陟舞起来"广场舞大赛，出现了一人参赛、全家上阵、全村出动的热闹场景。武陟县卫计委将"百姓文化超市"和精准扶贫工作相结合，借助点单平台深入开展送健康活动，由153名医务工作人员组成15支医疗小分队，为因病致贫群众提供健康医疗、脱贫帮扶服务。这些只是焦作市500多个联络点日常工作的一个缩影，每一张文化订单如同一个小切口为基层文化服务指明大方向。"你点单，我服务"的模式适应了基层群众日益多元化、个性化的文化需求特征，激发了群众表达文化需求的意愿，基层公共文化生态环境正在发生积极变化。

（三）公共文化服务品牌基本形成

"百姓文化超市"以"互联网+"的理念织就了基层公共文化精准服务的惠民网，其"菜单式"精准配送的做法得到了社会各界的一致好评。作为河南省公共文化服务体系示范项目，"百姓文化超市"发挥了有目共睹的示范带动作用，"百姓文化超市"已经成为公共文化服务项目的品牌。2016年中宣部舆情局《信息专报》和省委宣传部《河南宣传》信息分别刊登了焦作市"百姓文化超市"的经验做法，10余家主流媒体组成"百姓文化超市"惠民工程采访团赴焦作市实地调研采访，对焦作市实施"百姓文化超市"惠民工程的做法和经验进行了宣传报道。焦作市委宣传部撰写的《"百姓文化超市"惠民工程：实现精准文化惠民的创新载体》被河南省委宣传部评为"创新优秀案例"。"百姓文化超市"搭建起基层公共数字文化服务平台，使文化资源供给性针对性得到加强，激发了基层群众参与文化建设的积极性、主动创作性。"百姓文化超市"的成功为文化精准性服务提供了路径，为加快构建公共文化服务体系建设提供宝贵经验。为将"百姓文化超市"建设成为在具有全国辨识度的文化服务品牌，焦作市正着手将"百姓文化超市"与国家公共文化云服务平台进行有效对接，实现资源全国共享，为百姓提供高效、便捷、一站式的公共数字文化服务。

"百姓文化超市"经过将近两年的运营，以及成为焦作市精准文化惠民的品牌。其中一些栏目，如"我们要培训""我要邀专家"等，成为点击率最高的栏目。在已经形成的文化品牌基础上，2017年焦作市将打造精品路线、精品点作为"百姓文化超市"惠民工程建设的重要抓手。各县（市）区以基础设施、区位优势、生态环境作为考察标准，重点选择基层文化阵地设施条件较好、功能布局合理、活动载体丰富、充分发挥"百姓文化超市"综合作用的村或社区作为文化服务精品点。连点成线，以精品点、精品路线的建设来加快推进"百姓文化超市"惠民工程向纵深方向发展，以更好地满足人民群众对美好生活的愿望。

（四）服务理念由被动变为主动

"百姓文化超市"作为一种全新的公共文化服务模式,不仅改变了基层文化服务生态,也使焦作市文化工作者的服务理念发生了转变。"百姓文化超市"建设之前,开展文化服务工作主要是依据上一级部门的要求"被动"地做业务,现在则是根据群众需求"主动"做服务。文化服务部门按照上级指示或是自身专业要求挑选文化服务内容,和群众的文化需求存在差距,并不能取得令人满意的成果,既造成了物力、人力和资源的浪费,也难以实现公共文化服务基层群众的目的。文化服务人员的工作积极信息收到挫伤,基层群众对公共文化服务的满意度越来越低。推出"百姓文化超市"之后,文化服务部门及其工作人员把主要精力放在做好订单的落实与对接工作,保证文化服务的"菜单式"供应,既一定程度上降低了工作强度,也使人民群众对公共文化服务的满意度大幅提升。

焦作市解放区文化馆依托"百姓文化超市"平台,主动开展公共文化服务活动,2016年举办各类艺术培训讲座100余期,累计培训8 000余人。解放区以文化馆为依托,开展"文化直通车"服务,在全区9个街道和工业园区建立馆外辅导站,把文化培训内容通过"你点单 我服务"提供给群众。组织公共文化服务活动之余,工作人员积极动员辖区群众"参加一支文体队伍、学会一类健身方式、培养一种文艺特长、坚持一项志愿活动"。目前解放区构建了区、街道、村(社区)、楼院四级文化志愿服务网络,共拥有秧歌、戏曲、书法、绘画等各类文体协会26个,全区备案的文化类社会组织120余家,群众文化骨干3 000余人,常年开展各类公共文化服务活动。

四、"百姓文化超市"创新发展经验

作为河南省公共文化服务体系示范项目,焦作市"百姓文化超市"在公共文化服务、文化精准惠民方面开创了一条生机勃勃的发展之路。焦作市深入贯彻落实中央《关于加快构建现代公共文化服务体系的意见》和中宣部《关于加强基层宣传思想文化工作的意见》，从建立长效运行机制、加大资金支持力度、制定科学管理标准、增强宣传推广针对性等方面入手，成功找到撬起基层公共文化服务杠杆的支点。

（一）建立长效运行机制

"百姓文化超市"是焦作市重点打造的民生工程，也是焦作市加快构建现代公共文化服务体系的创新举措，焦作市从各个方面考虑建立长效机制保障这一惠民工程能够长期推行。一是加强组织保障。规定县市区公共文化服务体系建设协调领导小组牵头推进建设工作，领导小组成员单位结合各自承担的任务认真做好配合工作，文化部门及时收集、反馈、发布、处理订单信息。定期召开工作汇报会议，及时对"百姓文化超市"服务项目依照群众需求作出调整。二是完善基础设施。依据《河南省推进基层综合性文化服务中心建设实施方案》出台《关于推进基层综合性文化服务中心建设三年规划目标任务分解的通知》，要求2017年底全市所辖村（社区）完成占总数40%的基层综合性文化服务中心建设任务，全市58%以上的基层综合性文化服务中心达到建设标准，全市农村（社区）全面完成"百姓文化超市"服务联络点设置工作。三是建立文化志愿服务队伍。挖掘基层文化能人、社会文体人才，成立文化志愿服务队伍，开通"百姓文化超市"服务直通车，在各乡村之间巡回。四是强化业务培训。定期聘请省、市专家针对文化订单要求开展分众化、多样化的培训活动，努力实现由"送文化"向"种文化""创文化"的跨越。

（二）加大资金支持力度

焦作市委、市政府高度重视"百姓文化超市"惠民工程，2016年投入财政预算资金409万元支持"百姓文化超市"开展惠民文化服务。将"百姓文化超市"工程、基层综合性文化服务中心建设所需要的资金纳入政府财政预算，同时加大政府财政转移支付力度，重点向山区、贫困地区倾斜，着力完善农村地区基层公共文化服务设施建设，切实保障城乡居民共享公共文化服务。采取多元化、多部门筹资方式，坚持以各级公共财政投入为主渠道，鼓励社会力量积极参与。创新公共文化服务投入方式，以政府购买、项目补贴、定向资助等形式充实"百姓文化超市"经费来源。2016 年焦作市购买公益演出场次达 680 场，总金额为 412.8 万元。公共文化服务建设具有十分重要的意义，是繁荣社会主义文化事业、推动社会主义文化发展、坚定文化自信的重要组成部分。如何调动社会力量参与公共文化服务的积极性，成为新时代建设现代化公共文化服务体系的关键点。有焦作南大门之称的武陟县，以奖补资金的形式每年投入资金 1 000 万元，通过结对帮扶的形式撬动社会资金 4 300 万元，用于农村文化广场、广播电视"村村通"工程、综合性文化服务中心建设。截至目前，武陟县已经建成文化广场 254 个、演出舞台 108 个、绘制文化长廊 4.8 万平方米。

（三）制定科学管理标准

科学的管理标准首先体现在运作模式的科学规范。"百姓文化超市"惠民工程在市县乡村设置 4 级联络点，明确各级工作站的职责、规章制度，对文化服务活动的方方面面，例如文化订单收集、反馈、发布、处理、配送等环节，都有明确的具体规定，促进了文化服务工作的科学化、规范化。"百姓文化超市"的特色就在于互联网思维下精准文化服务，因此无论是搜集订单还是根据群众文化需求进行精准配送，必须有科学而具体的管理标准，这样方能保证"百姓文化超市"的顺畅运作。科学的管理标准其次体现在督导考核机制的确立。"百姓文化超市"建设被当地政府纳入精神文明建设的重要内容进行考核，引导群众对文化产品、文化服务进行评价打分。督导考核机制将"百姓文化超市"运行情况与职能部门奖补资金挂钩，根据群众对"百姓文化超市"的打分情况奖优罚劣。督导考核机制激发了群众参与公共文化服务共建的积极性，促进了文化职能部门服务基层公共文化活动的主动性。

（四）健全服务人员队伍

截至目前，"百姓文化超市"在焦作全市范围内已有超过 500 个乡村联络点，再加上各联络站、联络台、联络总站的工作人员，网站、微信公众平台运营维护人员,这其实是一支非常庞大的工作队伍。为了确保人基层工作人员能准确、快速地完成订单收集处理工作,焦作市通过政府购买服务的方式,从基层群众中聘请老干部、老战士、老教师、老模范、老专家等"五老"人员担任"百姓文化超市"联络服务点管理员,有效保证了基层文化服务工作的顺利开展。在乡(镇、办事处)和村(社区)配齐文化专干,负责做好上传下达、信息报送、供需对接工作。针对城市文化职能部门工作人员,焦作市实行培训上岗制度,对文化服务工作人员进行上岗培训,着力将服务人员培养成具有现代意识、创新意识、服务意识的基层文化服务人才,造就了一支群众喜爱的文化服务队伍。

(五)增强宣传推广针对性

随着智能手机、"两微一端"等新兴传播手段的兴起,对宣传工作的形式、手段提出了更高的要求。宣传推广一方面是要让"百姓文化超市"惠民工程被广大基层群众熟知,另一方面是发挥公共文化服务体系示范项目带动作用的必然要求。焦作市设计制作了"百姓文化超市"公益宣传片、专题片,通过电视、广播、报纸等传统媒体,再加上微信公众号、手机客户端等新媒体,以及宣传墙、阅报栏等传播媒介大力宣传"百姓文化超市"。焦作市根据受众的主动性和所受教育背景,有针对性、分地域、分层次、分行业进行宣传推广工作。"百姓文化超市"微信公众平台是宣传精准文化惠民的主渠道,手机客户端、PC网页主要向群众提供全方面的文化信息预告、文化地图信息和文化推介服务。公益宣传片、宣传墙、阅报栏等宣传手段主要针对偏远山区、贫困村等地的群众,线上宣传和线下推广相结合形成传播合力,使"百姓文化超市"的知晓率和使用率在城乡居民中实现同步提升。2016年焦作市向河南省委宣传部上报舆情信息52篇,宣传思想文化系统调研和舆情信息工作成绩居河南省首位,为河南省向全省推广"百姓文化超市"创新经验提供了丰富素材。

"百姓文化超市"作为公共文化服务的创新案例,其"菜单式"文化服务深受群众喜爱,在精准文化惠民、激发群众创造活力、扭转基层文化生态、扩充文化服务队伍等方面走出一条新路子,取得了良好社会效果,充分体现了"互联网+公共文化"的深度融合。虽然这种精准文化惠民模式还有进一步完善和提升的空间,但它的基本模式和基本经验,对其他一些地方加快构建现代化公共文化服务体系具有一定的示范作用和借鉴意义。

参考文献

[1]李茜:"互联网+"视域下公共文化服务供给研究——以焦作市"百姓文化超市"为例[J].内蒙古科技与经济,2016,(13):137–138.

[2]刘俊生:公共文化服务组织体系及其变迁研究——从旧思维到新思维的转变[J].中国行政管理,2010,(01):39–42.

[3]徐昌安:转换文化服务理念拓展公共文化服务[C].//首届中国文化馆馆长年会暨"百馆论坛"论文集,2007:123–126.

[4]新华网河南频道,《焦作市打造百姓文化超市 "文化菜单"精准服务群众》,[EB/OL]http://www.ha.xinhuanet.com/agriculturenews/20161223/3592060_c.html.

[5]郭长秀,龙邦:手机下"订单"村民在家门口看演出[N],大河报,2016–12–22(08).

[6]陈学桦,成安林:焦作"百姓文化超市" 让群众乐享文化大餐[N],河南日报,2016–11–23(20).

15

品 苏

——苏州市公共文化中心市民文化艺术素养提升志愿服务工程

苏州市公共文化中心

摘　要　始于 2014 年的"苏州市民文化艺术素养提升志愿服务工程"着力提升市民文化艺术素养,开展了一系列活动。近年来,首届苏州名人名篇网络诵读大赛以及倪征燠史料展、罗伯特·麦考利·肖特史料展、张应春史料展等系列展览成为"名人苏州"系列的重要内容,"品苏"手艺体验活动及苏作手艺展、桃花坞木版年画特展及巡展等作为苏州非遗保护的重点,听老苏州讲苏州名人故事、编辑出版《楮墨芸香——苏州市名人馆藏品拾珍》等实现了苏州市公共文化中心的公共教育职能,推动苏州市民文化艺术素养提升向纵深发展。

关键词　文化艺术素养提升　苏州市公共文化中心　品苏　苏州

2013 年末,苏州市公共文化中心市民文化艺术素养提升志愿服务工程获得文化部文化志愿者基层服务年示范项目。2014 年,苏州市公共文化中心深入实施"苏州市民文化艺术素养提升志愿服务工程",从管理体制、激励和保障机制入手,积极推进和引导市民群众在文化建设中自我表现、自我教育、自我服务,弘扬志愿精神,提升市民文化艺术素养。多年来,我们一直坚持这项工程的继续拓展,围绕全面提升市民文化艺术素养,开展了一系列活动。特别是随着 2017 年 1 月,中共中央办公厅、国务院印发《关于实施中华民族优秀传统文化传承发展工程的意见》,明确提出要"传承中华文脉、全面提升人民群众文化素养",并"充分发挥图书馆、文化馆、博物馆、群艺馆、美术馆等公共文化机构在传承发展中华优秀传统文化中的作用"。① 进一步推动了苏州市公共文化中心文化素养提升志愿服务工程努力向纵深发展。

一、名 人 苏 州

苏州历史人文底蕴深厚,历代名人辈出。苏州市名人馆作为苏州市公共文化中心的重要组成部分,全馆陈列以苏州历史名人、状元宰相和两院院士共计447人,是苏州"物华天宝、人杰地灵"的精彩实证。为使名人馆在现代公共文化服务体系内发挥积极的作用,2012年6月3日,苏州市名人馆志愿团正式成立。近年来,志愿团不断推进机制建设,完善并实行了考勤制度、奖励制度、例会制度和培训招新制度。名人馆志愿者除在展馆内为公众服务,还多次加入到名人馆走进社区、学校的公益宣讲活动中。

---

① 关于实施中华优秀传统文化传承发展工程的意见[EB/OL],(2017－01－26)[2017－04－13],http：//politics. people. com. cn/n1/2017/0126/c1001－29049653. html.

（一）品苏——首届苏州名人名篇网络诵读大赛

苏州历代名人留下过不胜枚举的传世佳作,对历代经典的阅读不应只是停留于表面。人们可以在"月落乌啼霜满天,江枫渔火对愁眠"中与张继一同聆听静夜中寒山寺传来的悠远钟声;在"洛阳城里见秋风,欲作家书意万重"中洞悉客居洛阳的张籍对吴地家州名贤经典,启迪思想、温润心灵、陶冶人生。

2016 年 5 月至 9 月,苏州市公共文化中心、苏州市名人馆联合众多公共文化机构举办"品苏——首届苏州名人名篇网络诵读大赛",精心推出历代苏州名人传世 100 篇经典佳作,参与者从中挑选一篇吟诵,重温苏州名贤经典、传承不朽名篇,同时又为这些历经时光淬炼的作品注入自己的理解和诠释。

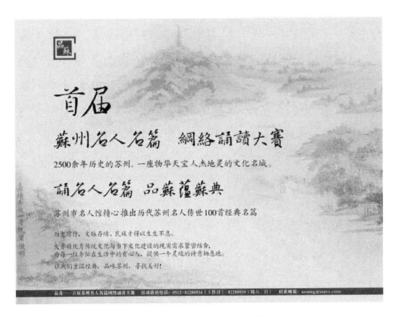

"首届苏州名人名篇网络诵读大赛"官网页面

大赛历时四个多月,全国联动,数十家媒体报道,3 000 多名选手参赛。上至白发苍苍的八旬老人,下至刚上一年级的小学生,全民参与,共计 140 多万人次参与网络投票,关注浏览人次达 500 多万,充分展现了苏州 2 500 乡的莼鲈之思;在"先天下之忧而忧,后天下之乐而乐"中感悟范仲淹思百姓、忧天下的家国情怀；在"苟利国家生死以，岂因祸福避趋之"中体察曾数度在苏州任职的林则徐的忠贞报国。诵读这些佳作，可以使人重温苏州千余年的悠久历史，以及在政治经济、文化艺术等方面为这座文化名城成就了精彩传奇的名人们。

大赛采用线上、线下结合的方式，整合 PC 端参赛网站和微信公众号，配套线上群众普遍参与及线下实体比赛、微信推送以及口袋本发行。9 月 16 日，大赛还专程举办展演活动，著名朗诵艺术家、主持人陈铎、方明、丁建华、刘家祯、傅国等与获奖选手同台演出，采用网站、APP、微信三大平台同步网络直播的方式，最大限度覆盖参与面，加快了与现代科技、"互联网+"深度结合，带动弘扬主流价值、传承特色文化、提升艺术素养的优质文化服务真正融入市民群众的日常生活。

大赛得到了多位朗诵表演艺术家的高度赞扬，著名朗诵表演艺术家、中央电视台主持人、我国第一代电视工作者陈铎先生表示，"这样的诵读比赛应该算是一个创举，首先是运用网络的推广，让更多的爱好者可以最大限度地走进朗诵表演艺术的殿堂，这个普及的力量非常大也非常好。其次选用的篇目是苏州地区的名人名作，这样独特的文化印迹，我在全国参与了很多朗诵活动中也是第一次遇到，效果与反响非常好"。苏州市公共文化中心、苏州市名人馆将不忘初心，在传承和弘扬中华优秀传统文化的新长征路上，砥砺前行。

（二）展览

近年来，名人馆充分采取传统和现代相结合的多种艺术表现手法和多媒体技术手段，通过重要史料的展陈，展现并传播了与苏州相关的历史名人的风采和主要事迹。

1. 正义的使者——倪征燠史料展

2015 年 7 月 14 日至 8 月 12 日，"正义的使者——倪征燠史料展"在苏州市名人馆展出，该展览作为名人馆成立三周年以来举办的首次特展，展出了曾参与"东京审判"的苏州籍著名法学家倪征燠先生的 29 张历史照片、16 件实物原件和 12 件复制品，其中由他亲手装订成册的东京审判判决书原件系国内首次公开亮相。该展览不仅广受社会公众和舆论关注,还得到地方领导的关心与支持,苏州市委副书记陈振一、市政府副市长王鸿声等领导陪同江苏省委副书记、苏州市委书记石泰峰一行,专程赴苏州市名人馆参观考察"正义的使者——倪征燠史料展"。

与此同时,苏州市名人馆还结合此次特展,制作"牵手名人·励志人生"探秘卡,将倪征燠的故事、法学小知识与趣味题目融合在一起,吸引孩子们假期中主动走进名人馆,了解历史。

图为苏州市敬文实验小学的学生正在聆听名人馆讲解员的讲解

2. "中国的美国英雄"——罗伯特·麦考利·肖特史料展

英雄无国界,友谊永长存。2015 年 8 月 16 日下午 2 点,苏州市名人馆历时一年多精心策划的"中国的美国英雄——罗伯特·麦考利·肖特史料展"正式拉开帷幕。此次展览展共推出了 60 余件珍贵史料,包括肖特生平照片、书信、影片等,其中不乏许多在国内尚属空白的历史资料,首次较为完整地呈现出这位可敬可爱的义士乐观自信、勇敢无畏的成长之路。

肖特的侄女杰奎琳特受名人馆之邀,不远万里来到苏州,与近百位各界人士共同出席了"肖特史料展"开幕式。杰奎琳在开幕式上动情地感谢长久以来中国人民对罗伯特·肖特的怀念以及给予的无上荣耀。

图为杰奎琳女士观看肖特展览

　　为使广大苏州市民走进名人馆，深入了解战争历史，苏州市名人馆还积极与苏州当地教育部门合作，结合展览，在振华中学开展为期一个月的小微课程，为同学们讲述抗战时期罗伯特·肖特来华、英勇抗日牺牲的动人事迹，带领同学们实地走访肖特殉难处、参观肖特纪念馆。

图为肖特小微课程授课现场

3. 蓉应春回——张应春史料展

"蓉应春回,桂逢秋陨,此恨却凭君诉……"这是柳亚子先生所作《绮罗香》的开篇之词,表达了对一代巾帼烈士——张应春,英年牺牲的愤懑。张应春烈士作为江南粉墙黛瓦中走出的中国共产党早期优秀党员、江苏妇女运动先驱,她不惧时局险恶,引领妇女解放,如一盏明灯在追求自由平等的道路上指引后继者前行。

2016 年,时逢建党 95 周年之际,由苏州市公共文化中心主办,苏州市名人馆承办,中共苏州市委党史工作办公室、中共苏州市吴江区委党史工作办公室、柳亚子纪念馆、吴江区图书馆、吴江烈士陵园等单位大力支持的蓉应春回——张应春史料展于 6 月 23 日在苏州市名人馆首站开幕。希冀通过回望张应春烈士短暂而光辉的一生,再现峥嵘岁月,重温党的奋斗历程,激励今天的我们在实现中华民族伟大复兴之梦的征途上,铭记张应春烈士"找到光明的途路,建设起光华灿烂的社会来"的遗志,永葆共产党人本色,坚定不移地为党的事业奋斗终生。

展览涵盖了有关张应春烈士的书信手稿、民国报刊、实物藏品等多种史料。观众可以看到三件张应春生前的随身物件,有赴粤参会时为留念购买的漆盒、亲手编织的荷包以及精心绣制的名片袋;首次展出的《秣陵悲秋图》,系柳亚子先生请陈树人、诸贞壮等多位名家为悼念张应春所绘写的册页,共 38 开,书画皆属精品;柳亚子先生家中旧藏并有其手书题字的"秋石(张应春)影集"。另有张应春与柳亚子先生的多封书信、求学时期的日记、诗文手稿,以及由张应春一手创办、主编,迄今难得一见的《吴江妇女》杂志等。苏州群众可从丰富的史料中拉近与烈士的距离、缅怀烈士的不朽功绩。

二、非遗保护

苏州的非物质文化遗产资源极其丰富。截至目前,苏州全市已拥有联合国教科文组织"人类非物质文化遗产代表作"6 项,居全国各城市之首;国家级非遗项目 32 项,名列全国各城市前茅;省级、市级项目的数量也分别达到 124

项、159 项①。苏州市公共文化中心从点到面,积极探索,不断整合全市资源,致力于使苏州非物质文化遗产能够全面生动地呈现在世人面前。

(一)以"品苏"手艺体验活动及苏作手艺展为抓手,推动面上非遗保护传承弘扬

苏州丰富的非遗资源,使得中国农耕文明时代的绝大部分手艺及其制品都能在苏州找到踪迹,为将这些已经淡出人们视野的老手艺重新请回当下生活,并得以从根本上传承、创新和发展,2016 年伊始,苏州市公共文化中心推出"品苏"手艺体验活动及苏作手艺展。苏作作为一种生活方式,不仅仅是苏州传统文化的符号,更是千百年来苏州人慢慢形成的生活方式的物化反映。这种生活方式,从古至今,点点滴滴,渗透到苏州人生活的方方面面。

精细雅洁的苏作,是精益求精的工匠精神的经典体现。"品苏"手艺体验以传统苏作为主要内容,涵盖苏绣、玉雕、苏扇、桃花坞年画、核雕、缂丝织造等"非遗"项目。系列活动则是从具体的设计、生产制作流程等方面,通过每月一场的手艺体验,邀请手艺大师们在现场为观众讲解手艺传承历史、演示手艺工序流程,同时邀请观众现场"学艺",在特别创设的空间中,让参与者与老手艺零距离接触,感受传统工艺的魅力,吸引了众多爱好者前来学习、体验。

具体活动安排如下:

第一场:巧手锦心——苏绣鉴赏与体验

1 月 27 日,特邀高级工艺美术师薛金娣携子张雪

第二场:指上乾坤——核雕鉴赏与体验

2 月 28 日,特邀著名核雕艺人周春毅

第三场:杂花生树——首饰鉴赏与体验

3 月 27 日,特邀首饰设计师张莉君

---

① 苏州出台全国首个濒危非遗保护政府规范性文件[EB/OL],(2016-12-25)[2017-04-13],http://jsnews2.jschina.com.cn/system/2016/12/25/030316101.shtml.

第四场：千江千月——古琴鉴赏与体验

4 月 17 日，特邀古琴演奏家、斫琴家携女装琴子

第五场：舒展自如——苏扇鉴赏与体验

4 月 24 日，特邀制扇大师王健

第六场：和合如意——桃花坞木版年画鉴赏与体验

5 月 29 日，特邀工艺美术师乔兰蓉

第七场：方寸叙述——藏书票鉴赏与体验

6 月 26 日，特邀版画家庾武锋

第八场：壶中天地——陶艺鉴赏与体验

7 月 24 日，特邀工艺美术师严佳黎

第九场：璎珞步摇——串珠鉴赏与体验

8 月 28 日，特邀首饰设计师胡霍宁

第十场：锦绣之冠——宋锦鉴赏与体验

9 月 25 日，特邀苏州丝绸博物馆副馆长王晨

第十一场：通经断纬——缂丝鉴赏与体验

10 月 30 日，特邀高级工艺美术师曹美姐

第十二场：君子佩玉——玉雕鉴赏与体验

11 月 27 日，特邀高级工艺美术师夏翔

第十三场：以刀代笔——竹刻鉴赏与体验

12 月 25 日，特邀高级工艺美术师倪小舟

在此基础上，苏州市公共文化中心主办"品苏——苏作手艺展"，并于同年 11 月 12 日—27 日在苏州美术馆展出，展览选取苏绣、核雕、古琴、苏扇、紫砂壶、宋锦、缂丝、玉雕、竹刻、盆景、根雕、木雕、琥珀、鸟笼、铜炉、蟋蟀盆、赏石等作品百余件，通过苏作的呈现，品味苏州的精致生活。

（二）以桃花坞木版年画为切入点，推动优秀传统文化走向海内外

桃花坞木版年画是苏州文化宝藏中的独特瑰宝，享有"东方古艺之花"之

图为"品苏"手艺展现场

美誉。2006年1月6日,苏州桃花坞年画博物馆在古城北部的朴园内挂牌成立。同年苏州桃花坞木版年画制作技艺被列入国务院公布的第一批国家级非物质文化遗产代表作名录,进一步形成了苏州桃花坞年画的传承、研究及其传播的中心。作为国家级非物质文化遗产(桃花坞木版年画)保护单位,苏州市公共文化中心藏有清末以来400余幅古版年画,弥足珍贵。为让桃花坞木版年画"走出深闺",苏州市公共文化中心不断挖掘桃花坞木版年画的历史文化价值,经过两年多的努力,由苏州市公共文化中心、苏州美术馆策划主办的《苏州桃花坞木版年画特展》入选国家艺术基金2016年度传播交流推广资助项目,推动桃花坞木版年画已从中国本土走向世界。

1. 姑苏繁华录——苏州桃花坞木版年画特展

2016年11月2日苏州桃花坞木版年画特展在苏州美术馆盛大开幕。此次特展由苏州市公共文化中心和苏州美术馆经过多年的征集与研究,特邀中国美术馆研究与策划部主任张晴担任策展人,展出馆藏精品年画190件,特别是首次将留存海外的"姑苏版"桃花坞年画请回"娘家",荟萃法国国家图书馆、日本神户市立博物馆、日本町田市立国际版画美术馆馆藏"姑苏版"精品12件,成为清代康乾苏州桃花坞木版年画全盛期作品首次在国内的公开展出。

展览期间,特邀请海内外10余名专家学者,在苏州举行学术研讨会,交流桃花坞年画最新研究成果,以国际视角关注其保护与传承。与此同时,此次特展还推出了配套展览,将组织开展"桃坞印画"专场公共教育活动,并将其分为观摩欣赏篇、亲身体验篇,由专业年画艺人引导观众观摩作品,亲身体验色彩,印制年画线版。

与此同时,苏州桃花坞木版年画特展还收到业界的广泛关注,衍生出三场巡展。2017年1月31日至2月28日,"苏州桃花坞木版年画特展"作为位于杭州的中国美术学院美术馆"年画迎吉"特展开展的重要组成部分,广受赞誉。2017年3月8日至3月31日,受天津美院邀请,"苏州桃花坞木版年画展"来到天津进行巡展。2017年4月5日,作为山东美术馆与苏州美术馆在交流学习的基础上的一次馆际交流展,"苏州桃花坞木版年画特展"将苏州桃花坞年画博物馆的113件藏品带到山东美术馆,开展为期一个多月的巡展,山东美术馆还将邀请苏州桃花坞年画博物馆专业人员在现场演示苏州木板年画印制,让观众近距离领略桃花坞木板年画的艺术魅力。

图为"苏州桃花坞木版年画特展"巡展现场

2. 苏州桃花坞木版年画巡展

(1) 全市全省全国巡展。从2014年开始,截止到2016年底,共在全国34个地市开展了34场苏州桃花坞木版年画展览。其巡展目标群体从2014年全年覆盖苏州的吴江区、昆山市、相城区、太仓市、常熟市、园区等全市十个区域；到 2015 年将目标群体扩展到整个江苏省范围内，开展江苏省巡展，巡展地包括南京市、扬州市、泰州市、南通市、泰兴市、淮安区、盐城市、连云港市、徐州市、宿迁市、镇江市、无锡市、常州市等十三地；2016 年，苏州桃花坞木版年画展览将目标放眼至全国，先后在浙江嘉兴市文化馆、北京朝阳区文化馆、辽宁大连市群众艺术馆、内蒙通辽市文化馆、吉林长春宽城区文化馆、黑龙江哈尔滨南岗博物馆、新疆克拉玛依市文化馆、宁夏回族自治区文化馆、宁夏石嘴山市平罗县文化馆、重庆南岸区文化馆、湖南长沙市文化馆等十一个省（市）进行巡展，其中"苏州桃花坞木版年画展新疆克拉玛依行"被评为文化部文化志愿服务典型案例，受到文化部表彰。总参观人数达余 60 万人，不仅提高了苏州桃花坞木版年画的群众知晓度和认知度，更加强了苏州与省内乃至国内各类非遗机构的交流与合作。

图为"苏州桃花坞木版年画江苏省巡展"海报

（2）姑苏印记·苏州桃花坞木版年画展（西班牙马德里）。2017 年 2 月 9 日—3 月 11 日，由马德里中国文化中心主办，苏州市公共文化中心、苏州桃花坞木版年画博物馆承办的"姑苏印记·苏州桃花坞木版年画展"，作为欢乐春节活动的延续，在马德里中国文化中心隆重揭幕。为了办好这次展览，在马德里文化中心的大力支持下，我们精心挑选了神仙、时俗、戏出、装饰四个部分共计 50 幅馆藏作品精品，专门制作了苏州桃花坞木版年画历史渊源及工艺流程介绍的特别版面。配套展览同时,给大家进行了苏州桃花坞木版年画制作现场演示,很多感兴趣的西班牙朋友赶到现场和我们进行互动,自己动手印制线板的苏州桃花坞木版年画带回家。通过让西班牙朋友们近距离接触、了解、欣赏桃花坞木版年画这门古老的中国手艺,让世界友人也能够分享苏州桃花坞木版年画这朵"东方古艺之花"的无限魅力。展览开幕仅两周,马德里文化中心已经接待了逾 800 名观众入场参观,包括由马德里市三家公共教育机构主动申请的集体参观。

图为"姑苏印记·苏州桃花坞木版年画展"马德里展现场

三、公 共 教 育

文化艺术教育是要提高人们对美的感受和理解,培养对文化艺术的表现力和创造力。苏州市公共文化中心作为府设立的公益性文化事业机构,是政府公共文化事业的一部分,是普及和繁荣群众文化的主导性业务部门,在当今现代公共文化服务体系构建的过程中,要通过"品苏"手艺体验活动等将文化艺术品与社会公众分享的各种类型与多种方式,充分发挥公共文化艺术教育与普及功能。

(一)听老苏州讲苏州名人故事

苏州风物清嘉,名人辈出,民间更流传着无数生动的名人故事。为培养更多少年儿童了解历史文化,使更多少年儿童参与公共文化活动,自 2015 年下半年开始,苏州市名人馆着力整合社会资源,使志愿者多方位、深层次参与到馆内公教活动中。经过半年多时间的策划筹备，由名人馆工作人员与志愿者一起精选名人故事、反复推敲讲稿，从苏州市名人馆志愿团 200 多位成员中选出王凤芝、张林萍、周国珍、徐筱玲、顾凤娟、徐文高等 6 位熟悉苏州方言、具有扎实讲解功底、平均年龄在 60 岁以上的"老苏州"担任活动主讲人的"听老苏州讲苏州名人故事"特色公共教育活动从 2016 年 1 月开始正式开讲。"听老苏州讲苏州名人故事"特色公共教育活动通过"老苏州"们妙趣横生地讲述苏州历史名人的逸闻趣事，丰富孩子们的假期生活，在潜移默化中育人于无形。

2016 年寒假及暑假期间，苏州市名人馆累计举办了 29 场"听老苏州讲苏州名人故事"活动，伍子胥、范仲淹、朱买臣、翁同龢、颜文樑、吴健雄、谢孝思等的"好白相"故事轮番上演，备受青少年观众追捧，场场爆满。想参加活动的中小学生可通过两种方式预约：一是苏州市未成年人社会实践体验站网站（http：//www.szshsj.cn/），每场 30 个预约名额。二是苏州市公共文化中心微信（ggwhzx），每场 30 个预约名额。即便有名额限制，每场活动还是几乎都能聚集百余名中小学生来参与。因为观众热情火爆，暑期在原定的上午场次基础上又增设了下午场，但每场免费报名链接一经发出仍分分钟即告售罄。每次来听故事的小朋友均可在活动单页上加盖特制的"名人印章"，每场活动也都有不同的"名人印章"，每集满一定数量的印章都会有精美礼品相送。该活动得到中小学老师和学生家长的普遍赞誉，被评为 2016 年度苏州市社会志愿服务引导扶持项目一类项目、2016 年苏州市文化志愿服务引导扶持项目一类项目，先后有 5 000 余名小观众到场兴致勃勃地聆听故事。

2016 年"听老苏州讲苏州名人故事"活动安排一览表

场次	时　　间	题　　目	主讲人
1	1 月 24 日 14：00	一夜白头的吴国丞相	王凤芝
2	1 月 28 日 14：00	况青天智断"十五贯"	王凤芝
3	1 月 29 日 14：00	先天下之忧而忧，后天下之乐而乐	周国珍
4	1 月 30 日 14：00	一个穷酸书生的逆袭	徐筱玲
5	1 月 31 日 14：00	东方的居里夫人	周国珍

场次	时 间	题 目	主讲人
6	2 月 10 日 14：00	智斗吕洞宾的苏州神医	王凤芝
7	2 月 11 日 14：00	桃花庵里桃花仙	王凤芝
8	2 月 12 日 14：00	山塘街的规划师	张林萍
9	2 月 13 日 14：00	公务员的楷模，禁烟的先锋	徐筱玲
10	2 月 14 日 14：00	沧浪亭畔的油画大师	周国珍
11	2 月 17 日 14：00	苏州出了个全国首富	王凤芝
12	2 月 18 日 14：00	"批评"水浒传的人	王凤芝
13	2 月 19 日 14：00	你知道什么是"讲张"吗？	张林萍
14	2 月 20 日 14：00	载着廉石"衣锦还乡"	徐筱玲
15	7 月 7 日 10：00	绣出锦绣新天地	张林萍
16	7 月 14 日 10：00	"豆腐汤"斗邪神	顾凤娟
17	7 月 14 日 14：00		
18	7 月 21 日 10：00	民间故事大王	顾凤娟
19	7 月 21 日 14：00		
20	7 月 28 日 10：00	"三令五申"的由来	周国珍
21	7 月 28 日 14：00		
22	8 月 4 日 10：00	翁同龢洗冤"小白菜"	王凤芝
23	8 月 4 日 14：00		
24	8 月 11 日 10：00	单骑治水的白头巡抚	徐文高
25	8 月 11 日 14：00		
26	8 月 18 日 10：00	吴越第一铸剑师	徐筱玲
27	8 月 18 日 14：00		
28	8 月 25 日 10：00	苏州园林的"守护星"	王凤芝

（二）编撰出版《楮墨芸香——苏州市名人馆藏品拾珍》

楮墨即纸墨，芸香即香草，芸草可以辟蠹，保护纸质文献，芸草混合古刻旧檠散发出来的特殊气息，也就是人们通常说的书香。作为自古以来就有崇尚阅读、重教育人优良传统的苏州来说，苏州市名人馆作为"传承文明、服务社会"的公共文化机构，为更好地弘扬苏州优秀的传统文化，使公众更好地知晓并了解苏州历史，向为苏州历史发展奠定坚实基础的前辈致敬，苏州市公共文化中心和苏州市名人馆携手，特从历史源头着手，结合馆藏珍品，从中遴选出四十二件名人馆藏品，涵盖政治、经济、文学、艺术、教育、医药等多个方面，并邀约一批研究苏州地方文化的学者撰稿，对遴选出的馆藏珍品进行分析和介绍，终于 2016 年，编辑出版《楮墨芸香——苏州市名人馆藏品拾珍》一书，以期让更多的读者分享着楮墨芸香，共同来认识苏州历史人物和文献的关系。

《上海公共文化服务发展报告(2018)》以"公共文化服务的创新与实践"为主题,聚焦近年来公共文化服务建设领域的创新和实践,案例分析和理论提升相结合,横向比较和纵向梳理相补充,为上海率先构建现代公共文化服务体系提供了多个维度的提醒和启示。全书共分为总报告、创新实践、场馆运营、比较与借鉴等几个部分。

图书在版编目(CIP)数据

上海公共文化服务发展报告. 2018/荣跃明主编.
—上海:上海书店出版社,2018.3
ISBN 978 - 7 - 5458 - 1615 - 0

Ⅰ.①上… Ⅱ.①荣… Ⅲ.①公共管理—文化工作—
研究报告—上海—2018 Ⅳ.①G127.51

中国版本图书馆 CIP 数据核字(2018)第 036358 号

责任编辑 沈佳茹
封面设计 汪 昊

上海公共文化服务发展报告(2018)
主　　编　荣跃明
执行主编　徐清泉　郑崇选

出　　版　上海书店出版社
　　　　　　(200001　上海福建中路 193 号)
发　　行　上海人民出版社发行中心
印　　刷　上海叶大印务发展有限公司
开　　本　710×1000　1/16
印　　张　13.25
版　　次　2018 年 3 月第 1 版
印　　次　2018 年 3 月第 1 次印刷
ISBN 978-7-5458-1615-0/G·131
定　　价　88.00 元